AF211256

Geheimnisse
der lusitanischen Küche
Originalrezepte aus Portugal

Der Autor:
Ilídio Lacerda, 1950 in Lissabon geboren und in der portugiesischen Metropole aufgewachsen, studierte in München Sozialwissenschaften und Sprachen. Neben seinem Beruf als Journalist und Dolmetscher führte sein gastronomischer Weg durch viele Länder Europas, wo er seine Liebe zur Kochkunst entdeckte und nicht nur zum Fachmann auf kulinarischem Gebiet sondern auch zum leidenschaftlichen Koch wurde. Heute wohnt, kocht und schreibt der Autor abwechselnd in der Algarve und in München.

Weitere Veröffentlichungen:
The secrets of Portuguese cookery -1999
A Magia do Petisco - 2001

Für Roswitha, David und André mit viel
Liebe und Dank für die hilfreiche Unterstützung.

Ilídio Lacerda

Geheimnisse
der lusitanischen Küche
Originalrezepte aus Portugal

Die Deutsche Nationalbibliothek verzeichnet diese Publikation in der Nationalbibliografie; detailliert bibliografischen Daten sind in Internet über http://dnb.d-nb.de abrufbar.

Copyright © 2008 Ilídio Lacerda
Herstellung und Verlag: Books on Demand GmbH, Norderstedt
Satz und Layout: Ilídio Lacerda
Aller Rechte vorbehalten
ISBN: 9 783837 090550

Inhaltsverzeichnis

Vorspeise

Suppen

Meeresfrüchte

Fisch

Stockfisch:

Geflügel und Wild

Fleisch

Süßes aus der Kloster

Soßen

Beilagen

Alle Rezepte sind, wenn nicht anders vermerkt, für 4 Personen berechnet.

Die Kalorienangaben sind pro Portion berechnet. Es handelt sich um einfache Richtungsangaben und sind nicht für wissenschaftliche Zwecke geeignet.

Zu diesem Buch

Dieses Buch soll all denen, die sich für Portugal interessieren, einen Einblick in die traditionelle portugiesische Küche gewähren. Essen und Trinken stellen in Portugal einen wichtigen Teil des gesellschaftlichen Lebens dar. Freundschaften werden beim Essen gepflegt, Geschäfte abgewickelt, wichtige Entscheidungen des Lebens finden am Esstisch statt. Man lädt sich gern gegenseitig zum Feiern ein, wobei damit immer ein Festmahl gemeint ist. Portugiesische Kochbücher sind in Deutschland rar, obwohl Portugal von über einer Million deutscher Burger jährlich besucht wird und diese dann irgendwann zurück im Heimatland Sehnsucht nach dem einen oder anderen „Petisco" (Leckerbissen) verspüren.

Die portugiesische Küche ist von frischem Fisch und Meeresfrüchten geprägt. Sonnengereiftes Obst und Gemüse kommen direkt vom Erzeuger. Mit Eicheln und Trüffeln genährte Schweine sind im Alentejo eine Spezialität. Unsere Olivenöle gehören zu den gesündesten in Europa. Unser Speisesalz liefert der Atlantik. Unsere Weine sind exklusiv. Die portugiesische Kochweise ist keine Küche mit bestimmten festen Regeln der Speisenzubereitung. Sie besitzt Charme, bietet delikate Fisch-, Meeresfrüchte- und Fleischgerichte und ist eine naturbelassene und saisongerechte Art, ein wohlschmeckendes Mahl zu genießen.

Dieses Buch ist eine kleine Sammlung der besten traditionellen, größtenteils alltäglichen Gerichte. Die Zubereitung ist ohne große Mühe durchführbar. Im Grunde handelt es sich um ein phantasievolles Kombinieren vorrätiger Zutaten.
Folgen wir also dem Rat von Prof. Werner Kollaths, einem Ernährungswissenschaftler, und lassen „das Natürliche so natürlich wie möglich".
Ich wünsche allen viel Spaß beim Kochen und „Bom Apetite".

Ilídio Lacerda

Die gastronomische Geschichte Portugals

Vor 2000 Jahren waren die Lusitanier ein Bauern- und Hirtenvolk. Schweine, Schafe, Ziegen, Getreide, Obst und Gemüse stellten die Grundlage ihrer Ernährung dar. Die Römer exportierten aus der iberischen Halbinsel Olivenöl, Wein und Fischprodukte (vor allem die Fischsauce *garum*), was uns beweist, dass solche Produkte schon vorhanden waren.

Auch die Alanen waren Bauern und Hirten sowie die Sueben und Westgoten, die sich ungefähr 300 Jahre in Nord-Lusitanien aufhielten. Die „Guisados" im Norden Portugals sind heute noch so beliebt wie die *Eintöpfe* in Deutschland. Im Süden war die Esskultur eher von den Mauren beeinflusst. Honig- und Mandelkuchen, der Gaspacho, die Brotsuppe, Süßreis sind heute noch anzutreffen.

Im 16. Jahrhundert im Zeitalter der Entdeckungsreisen führten die Entdecker östliche Gewürze und exotische Obst und Gemüsesorten über Lagos und Lissabon nach Europa ein. Trotzdem hungerte die Bevölkerung in den portugiesischen Städten. Ihre besten Güter lieferten sie als eine Art „Catering" an die Handelsschifffahrt ab. In dieser Zeit blüht die Esskultur in den Klöstern, in der sogenannten *„Klosterküche"* (Cozinha conventual). Die reiche, mächtige Kirche und der Adel waren gut versorgt.

Priester und Mönche trugen Rezepte im Land und aus dem fernen Osten zusammen und gehörten zu den besten Hütern der Esskultur. Frittierte Süß- und Backwaren nach alten klösterlichen Rezepten sind heute noch in der Regionalküche vorhanden.

Portugiesische Juden leisteten interessante Beiträge zur regionalen Küche, wie die *Alheiras* aus Mirandela, eine schmackhafte Knoblauchwurst aus Wild und Geflügel.

Auf ihren Weltreisen beeinflussten die portugiesischen Jesuiten die Esskultur in fremden Ländern beispielsweise mit den *Tempuras* in Japan, ein heute dort nicht wegzudenkendes Gericht. Ihr Ursprung liegt in den österlichen Temporas (Fastenzeiten an Ostern).

Portugiesen führten die Käsezubereitung in Südamerika ein und brachten den Chilipfeffer nach Sichuan (Macau) in China. *Currygerichte* wurden im Gegenzug aus Indien nach Europa gebracht.

In den „Goldenen Zeiten" Portugals des 17. und 18. Jahrhunderts war „eine gutes Mahl" gleichbedeutend mit einem „exotischen Mahl". Über fantastisch inszenierte Bankette am Königssitz bei Vila Viçosa im Alentejo wird berichtet. Der Adel war den gastronomischen Ausschweifungen des französischen Hofes verfallen. Das Volk bekam die Reste.

Im 19. und 20. Jahrhundert ernährte sich das Volk nach einer landesweit angewandten Regel: „Gut ist was auf dem Bauernhof wächst und aus dem Meer kommt". Nahrungsknappheit herrschte in den Großstädten bis in die 50er Jahre.

Obwohl wir am Atlantik wohnen verwenden auch wir alles was der Mittelmeer anzubieten hat, plus die unzähligen Fischsorten des Ozeans. Die Tradition überragt heute noch, überlebt die Fantasien der Globalisierung und der Schadens des Fast Food in eine Kunst des Kochens die saisongerecht und gesund ist. Genossen wird es in einen Art die wir eher in der Rahmen der *saisongerechte und naturbelassen Küche* einstufen können. Am Tisch wird dann das Beste serviert was man in der Region vorfindet. Man lässt sich Zeit zum Essen.

Essensgewohnheiten der Portugiesen

Das Frühstück (o pequeno almoço im Süden, o almoço im Norden): Es besteht aus einer Tasse Kaffee mit oder ohne Milch, Brot, Butter und Marmelade. Auf dem Land bevorzugen die Leute Suppe, Brot, Wein oder Schnaps.

Der Happen dazwischen ungefähr um 11 Uhr besteht meistens aus einem Espresso (a bica) und ein Stück Kuchen. Auf dem Land dagegen kann ein kleiner Imbiss, bestehend aus Brot mit rohem Schinken (presunto) und einem Gläschen Wein eingenommen werden.

Das Mittagessen (o almoço im Süden, o jantar im Norden) wird ab 13.00 serviert. Standard ist eine warme Mahlzeit aus vier Gängen: Suppe, Hauptgericht, Nachtisch (Pudding, Obst oder Käse), Kaffee und Brandy. Früher wurde die Suppe nach dem Hauptgericht, heute wird sie davor serviert. Brot dazu ist Pflicht, während auf Oliven und andere Appetitanreger verzichtet werden kann. Für den kleinen Hunger bestellt man eine halbe Portion (meia dose), die auch für Kinder gedacht ist. Getrunken wird vorzugsweise Wein und Wasser.

Der Imbiß zwischen Mittag und Abend (lanche im Süden, merenda im Norden) wird etwa um 17.00 Uhr eingenommen. Der berühmte „five-o'clock-tea" in England wurde durch eine Königin portugiesischer Abstammung (Catarina von Bragança, Ehefrau von Charles II) dort eingeführt. Der Städter trinkt Kaffee mit oder ohne Milch, isst ein Sandwich (sandes) oder etwas Süßes. Wer mehr Zeit hat, trinkt Tee und isst dazu Toast (torrada). Dieser besteht aus in 3 cm dick geschnittenen Kastenbrotscheiben, die nach dem Toasten nur mit gesalzener Butter bestrichen werden. Auf dem Land sind Wein, Bier, roher Schinken und Käse eher die Regel. Saisonbedingt sind kleine Krebse und Schnecken ebenfalls sehr beliebt.

Das Abendessen (o jantar im Süden, a ceia im Norden). Wie das Mittagessen besteht es aus vier Gängen. Früher wurde täglich eine Fisch- und eine Fleischmahlzeit eingenommen. Wurde Fleisch zu Mittag gegessen, musste das Abendessen aus Fisch bestehen. Dieser Brauch wird heute nur noch in großbürgerlichen Familien fortgesetzt. Man kann es sich auch kaum noch leisten.

Das Nachtessen (a ceia): Wenn man ausgeht, ist es üblich, eine leichte Mahlzeit zu sich zu nehmen.

Der allzeit bereitstehende kleine Imbiss (o petisco): Überall im Land bieten kleine Stehkneipen (tascas) eine bunte Auswahl an Leckerbissen an. Meistens sind es kleine Pasteten mit Fisch- oder Fleischfüllung. Fleischkroketten, Stockfischkroketten und indische Samosas sind ebenfalls sehr beliebt. Als Belag für Brötchen bekommt man panierte Schnitzel (panado), Schweinesteaks (bifana), Rindsteaks (prego), Fischfilets (filete) oder Schweinebraten (carne assada). Etwas raffinierter ist in einer scharfen Sauce gekochtes Hühnerklein (pipis). Frittierte Wachteln (codornizes), Kuttelnragout mit weißen Bohnen (dobrada), Oktopussalat (salada de polvo) und bei Sommeranfang die in Aniskraut gekochte Weinbergschnecken (caracóis) sind etwas seltener anzutreffen. Dazu trinkt man Wein oder Bier.

Ländliche und private Feste (Festas e Romarias): Jede Stadt und jedes Dorf feiert seinen Schutzheiligen. Diese Angelegenheit bedeutet ein oder zwei Tage lang zu feiern, essen und trinken. An diesem Tag dürfen in den Häusern des Nordens der Lammbraten und süße Backwaren nicht fehlen. In Mittelportugal erfreut man sich an gebratenem Spanferkel, im Süden feiert man mit großen Sardinen- und Schweinefleischgelagen.

Zu Weihnachten und Ostern gibt es ganz bestimmte Gerichte. Stockfisch (bacalhau), gekocht mit Gemüse und Eiern, gehört zum Heiligen Abend. Am ersten Weihnachtsfeiertag wird Pute gegessen. Silvester wird mit einem großen Nachtessen gefeiert. Der Obstkuchenkranz (Bolo Rei) an Heilig-Drei-Könige gehört zur Landestradition. Das Osterlamm ist ein alter Brauch. Die gegrillten Sardinen und Rotwein am Tag des Hl. Antonius im Juni, die gerösteten Maroni zum Martinstag, die grüne Suppe und die gegrillte Paprikawurst zu Fadogesängen, sind weiterhin fester Bestandteil gastronomischer Tradition. In der Stadt geht die Trauergemeinschaft nach einem Begräbnis zum Leichenschmaus in eine Bierhalle (Cervejaria). Übrigens, auf dem Land wäre das ein Skandal.

Nach aktuellen Umfragen gibt der Durchschnittsportugiese 40 % seines Einkommens im Supermarkt und in Restaurants aus und befindet sich gastronomisch gesehen mehr oder weniger auf Dauerurlaub. Das kostet Zeit und Geld. Aber um ein bestimmtes Gericht zu genießen, nimmt man auch große Entfernungen in Kauf. Der Portugiese genießt heute und fragt nicht nach morgen.

Gewürze und Zutaten

Besorgen Sie sich für ihre Küche folgende Gewürze:

- **Bauchspeck, geräuchert** *(toucinho fumado)*
- **Chili Sauce** *(Piri-Piri) als Ersatz auch Tabasco, oder Sauce Picard*
- **Curry** *(caril)*
- **Ginster** *(carqueja) für Wild*
- **Ingwer**, *(frisch) (gengibre)*
- **Knoblauchknolle**, *(frisch) (alho)*
- **Koriander**, *(frisch) (coentros) auf Straßenmärkten zu bekommen*
- **Lorbeerblätter** *(louro)*
- **Nelken** *(cravinho)*
- **Oregano** *(oregão)*
- **Paprika**, *(süß) (colorau)*
- **Paprikapaste** *(pimentão)*
- **Petersilie**, *(frisch) (salsa)*
- **Pfeffer** *(pimenta), gemahlen und körnig*
- **Rosmarin** *(alecrim)*
- **Thymian** *(tomilho)*

Die zu verwendenden Zutaten sind alle in Deutschland, der Schweiz und Österreich erhältlich. Die Preise für frischen Fisch, Meeresfrüchte und Wild mögen in den Delikatessenabteilungen der großen Kaufhäuser etwas teuer sein. Wenn Sie aber die richtigen Läden kennen, werden Sie auch preiswertere und oft bessere Ware finden. In den meisten Städten gibt es portugiesische oder spanische Einzelhandelsgeschäfte die eine große Auswahl Zutaten anbieten.

Tipps

Merken Sie sich *vor allem,* jede Zutat sollte seinen natürlichen Geschmack behalten.

Das Aroma *eines Gerichts* stellt dann eine natürliche Harmonie zwischen Zutaten und Gewürzen her. Sie sollten also kein Fisch- oder Fleischgericht kochen, das am Ende nur noch nach diversen Kräutern schmeckt.

Speziell für „Knoblauchfundamentalisten" gilt: Zu viel Knoblauch verdirbt die meisten Gerichte! Wird er zu lang gebraten, macht er die Soßen sogar ungenießbar, da sie zu bitter werden. **Genauso vorsichtig** sollten Sie mit Lorbeerblättern, Nelken, Anis, Zimt und Muskatnuss umgehen. Diese Gewürze überdecken schnell jeden anderen Geschmack.

Tipps für den Einkauf von Zutaten

1. Meeresfrüchte erhalten Sie im Fischfachgeschäft, den Fachabteilungen großer Kaufhäuser und auch in asiatischen Lebensmittelgeschäften.
2. Kleinere Fische verlieren in tiefgefrorenem Zustand nicht an Qualität. Sie sollten nicht in heißem Wasser oder Mikrowellengeräte, sondern bei Zimmertemperatur aufgetaut werden.
3. Kaninchen und Lamm bekommen Sie frisch beim Metzger, gegebenenfalls auf Bestellung.

Vier einfache Regeln zum rationale und gesund kochen

1. Kaufen Sie hauptsächlich Produkte, von denen Sie wissen, dass Sie sie tatsächlich verarbeiten können. Bevorzugen Sie **land- und saisongerechte frische Ware.** Diese Ware verdirbt nicht so rasch wie andere, die schon um die halbe Welt in Containern transportiert wurden. Nach den Regeln der makrobiotischen Küche verdauen wir Lebensmittel, die wir schon als Kind mochten, am besten. Wissen Sie noch was Sie damals mit Genuss gegessen haben?
2. Exotisches Essen sollte nicht häufig auf den Tisch kommen. Wir brauchen deswegen keine großen Ansammlungen von teuren Gewürzen, die mit der Zeit ihre Wirkung verlieren.
3. Suppen und Saucen sollte man auf Vorrat kochen. Suppen kann man portionsgerecht für ein paar Tage einfrieren. Saucen werden im Gefrierfach in Eiswürfelschalen aufbewahrt und nach Bedarf aufgetaut. Trotz Einfrierung sind solche Eigenprodukte in der Qualität weit besser als teure industrielle Erzeugnisse.
4. Beilagen und Nachspeisen werden für den Bedarf von 2 Tagen gekocht. Kartoffeln nur als Zutat für Bratkartoffeln. Das spart Zeit und Energie am nächsten Tag.

Minimalausstattung an Utensilien in der Küche:

1 Qualitativ gutes Kochmesser
1 Antihaftpfanne
1 Stabmixer
2 oder 3 große Kasserollen
neben üblichen Lieblingsgeräten und Utensilien.

Kleines Wörterbuch der Zutaten

Gemüse / legumes

Champignons .... *cogumelos*
Erbsen .... *ervilhas*
Gurke .... *pepino*
Karotte .... *cenoura*
Kartoffel .... *batata*
Kürbis.................... *abóbora*
Lauch .... *alho francês*
Mais .... *milho*
Paprika .... *pimento*
Reis .... *arroz*
Sellerie .... *aipo*
Süßkartoffel .... *batata doce*
Weißkohl .... *couve branca*
Wirsing .... *lombarda*
Zitrone .... *limão*
Zucchini .... *courgete*
Zwiebel .... *cebola*

Nüsse / nozes

Mandeln .... *amêndoas*
Pinienkerne .... *pinhões*
Walnüsse .... *nozes*
Vanille .... *baunilha*

Fisch / peixe

Degenfisch.............. *espadarte*
Forelle .... *truta*
Goldbrasse .... *dourada*
Hecht .... *pescada*
Lachs .... *salmão*
Makrele .... *carapaus*
Meerbrasse .... *goraz*
Sardinen................ *sardinhas*
Seebrasse.............. *pargo*
Scholle/Seezunge .... *linguado*

Schwertfisch .... *espadarte*
Thunfisch .... *atum*
Tintenfisch............ *lulas*

Meeresfrüchte / Mariscos

Crevetten/Garnelen .. *camarão*
Hummer.................. *lavagante*
Languste .... *lagosta*
Miesmuscheln .... *mexilhão*
Taschenkrebs........... *sapateira*
Venusmuscheln .... *ameijoas*

Fleisch / Carne

Huhn...................... *galinha*
Hähnchen.............. *frango*
Ente .... *pato*
Fasan .... *faisão*
Kalb .... *vitela*
Kaninchen .... *coelho*
Lamm.................... *borrego*
Rebhuhn .... *perdiz*
Schwein .... *porco*
Truthahn .... *perú*
Wachteln .... *cordonizes*
Wildschwein............ *javali*

Mengen pro Person

Suppen	¼ Liter
Fleisch mit Knochen	150 - 200 g
Fleisch ohne Knochen	100 - 150 g
Hackfleisch	100 - 125 g
Fischfilet	150 - 200 g
Ganzer Fisch	200 - 250 g
Große Meeresfrüchte	200 - 300 g
Garnelen und Muscheln	100 - 150 g
Gemüse als Beilage	200 - 250 g
Gemüse als Salat	100 - 150 g
Hülsenfrüchte	80 g
Nudeln/Reis als Beilage	50 g
Nudeln/Reis als Hauptspeise	75 g
Nudeln/Reis als Suppeneinlage	15 g
Kartoffeln als Beilage	150 - 200 g
Soßen	3-4 EL=1/8 L
Käse als Dessert	50 - 70 g
1 Teelöffel (TL)	3 - 6 g
1 Esslöffel (EL)	5 -15g
1 Schuss	½Schnapsglas
1 Glass	0,1 Liter
1 Tasse	8EL=120g

Vorspeisen

Mit Ausnahme von Eierspeisen und Schnecken können folgende Vorspeisen mehrere Tage im Kühlschrank aufbewahrt werden. Zwar nicht jedermanns Geschmack, jedoch sehr schmackhaft sind:

Schnecken
Caracóis
105 Kcal

½ kg Schnecken (die kleinen schmecken besser)
2 EL Olivenöl
4 gehackte Knoblauchzehen
1 Zweig Thymian oder Rosmarin
Salz und viel Pfeffer

1. Schnecken wiederholt in Salzwasser waschen, bis sie keinen Schaum mehr absondern. Die Schnecken und Gewürze in Öl dünsten, etwas Wasser hinzufügen und 10 Min. schmoren lassen. Mit Schaumkelle herausholen und servieren.
2. Schnecken mit einer Nadel aus der Schale holen, schwarze Teilchen (bitter) entfernen und der Rest mit Weißbrot essen.

In Olivenöl eingelegte Paprikaschoten
Pimentos fritos
155 Kcal

4 Paprikaschoten
Pflanzenöl zum Frittieren
1 dl Olivenöl
1 EL Tomatenmark
Salz und Pfeffer

1. Paprikaschoten waschen, entkernen und in dünne Streifen schneiden. 10 Min. in Salzwasser kurz kochen lassen, abtropfen. Unter Rühren in Öl frittieren (Vorsicht: Spritzgefahr!).
2. Tomatenmark unterrühren, salzen und pfeffern. In einem Schälchen anrichten und Olivenöl dazugeben.

15

Gefüllte Eier
Ovos recheados
140 Kcal

6 Eier
1 EL Olivenöl
1 TL Currypulver
1 TL frische gehackte Petersilie
3 entkernte schwarze Oliven
Salz und Pfeffer

1. Eier hart kochen. Unter kaltem Wasser abschrecken, schälen und mit dem Messer längs halbieren.
2. Das Eigelb vorsichtig herauslöffeln.
3. Mit Öl, Currypulver, Petersilie, Salz und Pfeffer vermischen bis eine sämige Masse entsteht.
4. Diese Masse in die Eihälften füllen und mit einer halbierten Olive garnieren. Das Ganze auf einem Blatt Salat servieren.

Hausgemachte Thunfischmousse
Mousse de atum caseira
60 Kcal

Für 6 Personen
1 Dose Thunfisch in Öl
1 kleine geraspelte Karotte
1 EL feingeschnittenen Lauch
1 EL Magerquark
1 EL Joghurt
1 TL Ketchup
1 TL Essig
1 EL feingehackte Petersilie
Salz und Pfeffer
Oliven

1. Thunfisch in einem Sieb gut abtropfen lassen.
2. Alle Zutaten mit dem Thunfisch zu einer streichfähigen Masse rühren. In Kühlschrank stellen
3. Mit Brot und Oliven servieren.

Augenbohnen Salat
Saladinha de feijão frade
100 Kcal

Die kleinen Weißbohnen mit dem schwarzen „Auge" stammen aus Afrika und sind in Portugal, Indien und Südamerika sehr beliebt. Sie haben einen Vorteil: man kann sie ohne Einweichen in 5 -10 Minuten im Schnellkochtopf weichkochen. Heute Sie sind auch in asiatischen Läden erhältlich.

250 g Augenbohnen, gekocht und abgetropft
2 EL feingehackte Zwiebeln
1 Portion Vinaigrette (S. 95)
2 hartgekochte und kleingehackte Eier
Salz und Pfeffer
1 EL feingehackte Petersilie

1. Die Bohnen und die Zwiebeln in eine Schüssel geben. Vinaigrette und etwas Petersilie zugeben und gut miteinander vermengen.
2. Mit den kleingehackten Eiern bestreuen und mit Salz und Pfeffer nachwürzen. 2 Stunden stehen lassen.
3. In Kühlschrank stellen. Vor dem Servieren mit frisch gehackter Petersilie bestreuen..

Eingelegte Oliven auf meine Art
Azeitonas à minha moda

200 g schwarze Oliven
1 EL Olivenöl
2 durchgepresste Knoblauchzehen
1 TL getrocknete Oreganoblätter
Salz und Pfeffer

1. Knoblauch, Oregano, Salz und Pfeffer in Öl verrühren.
2. Oliven hineingeben, umrühren, mindestens 1 Stunde stehen lassen und mit Brot servieren.

Feiner Sommersalat
Saladinha rica de Verão
210 Kcal

4 hartgekochte Eier, in Scheiben geschnitten
4 Fleischtomaten, in Scheiben geschnitten
1 feingehackte Knoblauchzehe
1 Portion Vinaigrette (S. 95)
2 Dosen Thunfisch, in Öl und/oder gekochte Garnelen
Salz und Pfeffer
Oliven

1. In einer kleinen Schüssel der Reihe nach Eier, Tomaten, Salz, Pfeffer, Knoblauch und Thunfisch und/oder Garnelen aufschichten, bis alle Zutaten verbraucht sind.
2. Mit der Vinaigrette würzen und mit Oliven garnieren.
3. Sofort servieren.

Grüner Bohnen-Salat
Salada de feijão verde
150 Kcal

500 g frische grüne Bohnen
1 Messerspitze Muskatnuss
1 EL in Öl frittierte Speckwürfel
2 EL feingehackte Zwiebeln
1 Portion Vinaigrette (S. 95)
frischgemahlener Pfeffer
2 hartgekochte Eier, in Scheiben geschnitten
1 EL feingehackte Petersilie

1. Grüne Bohnen waschen, Enden abschneiden. Flache grüne Bohnen müssen in der Länge halbiert werden. In Salzwasser mit Muskat 10 Min. kochen und abtropfen lassen.
2. Nun Bohnen in einer Salatschüssel mit Zwiebeln, Pfeffer und Speckstreifen mischen und mit der Vinaigrette würzen.
3. Mit Eierscheiben garnieren und mit Petersilie bestreuen.

Suppen

Fischsuppe nach Alentejo-Art
Sopas de peixe à alentejana
440 Kcal

Es handelt sich hier um eine Suppe und nicht um die Caldeirada (S. 49). Trotzdem kann man das Gericht anreichern (s. Tipp) und damit eine leichte Mahlzeit zubereiten.

4 Tranchen Weißfisch, z. B. Brasse oder Barsch, gesäubert und gewaschen
3 große Zwiebeln, grobgehackt
3 gehackte Knoblauchzehen
1 Dose geschälte Tomaten, in Würfel geschnitten
4 EL Olivenöl
300 g Kartoffeln, geschält, in Scheiben geschnitten
1 Lorbeerblatt
1 EL gehackte Petersilie
1 EL gehackten grünen Koriander
1 TL Oregano
Salz und Pfeffer
Weizenmischbrotscheiben

1. Zwiebeln und Knoblauch mit Olivenöl anschwitzen. Dann die geschälten Tomaten, Petersilie, Lorbeerblatt, Oregano sowie Salz und Pfeffer dazugeben und das Ganze einkochen lassen. Den Topf mit reichlich Wasser auffüllen und aufkochen. Nun gibt man die Kartoffeln und den Fisch dazu.
2. Die Suppe nachwürzen und 15-20 Min. kochen lassen.
3. Fisch anschließend vorsichtig herausnehmen, dabei Zerfallen vermeiden.
4. Vor dem Servieren die Brotscheiben in eine Suppenschüssel legen, die Fischtranchen darauf legen, alles mit der heißen Brühe begießen und zum Schluss mit Koriander bestreuen.

Tipp
Nachdem der Fisch aus dem Topf genommen wurde, vier Eier in die Suppe pochieren. Man serviert pro Teller ein Ei.

Gemüsesuppe nach Bauernart
Sopa de legumes à camponesa
270 Kcal

Diese hervorragende Suppe wurde uns von José Carlos, einem Küchen-gehilfen in unserem Restaurant an der Algarve, vorgekocht, als wir ihn bezüglich seiner Kochkünste befragt haben. Die Suppe kam auf die Speisekarte und wurde zum Erfolg.

Für 6 Personen
500 g Kartoffeln, geschält und in Scheiben geschnitten
2 große Zwiebeln geviertelt
6 kleingewürfelte Karotten
500 g geschnittene frische grüne Bohnen
2 frische Tomaten, gepellt und gewürfelt
2 in Scheiben geschnittene Knoblauchzehen
100 g Butter (oder Margarine)
1 Lorbeerblatt
1 TL Thymian
1 TL Oregano
1 EL Olivenöl
Salz und Pfeffer

1. Zwiebeln, Knoblauch und Lorbeerblatt in Butter anschwitzen. Tomaten hineinrühren, Kartoffeln dazugeben, mit Wasser auffüllen und salzen. Kräftig einkochen lassen.
2. Das Lorbeerblatt herausnehmen und alles mit dem Küchenstab pürieren. Wird die Brühe zu dickflüssig, noch etwas Wasser dazugeben.
3. Karotten, grüne Bohnen und restliche Gewürze dazugeben, mit Salz abschmecken und fertigkochen.
4. Zum Schluss mit Olivenöl „*parfümieren*" (unterrühren).

Kichererbsen-Karotten Suppe
Sopa de grão com cenoura
130 Kcal

250 g Kichererbsen
4 mittelgroße kleingewürfelte Karotten
1 mit 2 Nelken gespickte Zwiebel
1 kleingehackte Zwiebel
1 EL Olivenöl
Salz
1 TL Currypulver
1 TL Kurkuma (Gelbwurz) oder ein paar Fäden Safran

1. Kichererbsen 24 Stunden einweichen. Anschließend im Schnellkoch-topf 15 - 20 Min. zusammen mit der gespickten Zwiebel in Salzwasser kochen. Dann die Nelken entfernen, die Kichererbsen und die Zwiebel pürieren. Warmes Wasser zufügen bis die gewünschte Konsistenz er-reicht ist. Die Suppe sieben.
2. In einem Topf die gehackte Zwiebel, Karotten, Currypulver und Kur-kuma in Olivenöl leicht dünsten. Die Suppe dazugeben.
3. Mit Salz abschmecken und 20 - 30 Min. Fertigkochen.

Tipp
Karotten durch Blattspinat ersetzen.

Steinsuppe
Sopa de pedra
490 Kcal

Die Steinsuppe geht auf eine Legende zurück, die viel Witz und auch Weisheit enthält. Damit wird die Dreistigkeit des einfachen Volkes beschrieben.

Eines Tages klopfte ein Franziskaner-Mönch an die Tür eines reichen Bauern aus Ribatejo (Nordufer der Fluss Tejo) und bat um etwas zu essen. Der geizige Bauer wollte ihn schon abweisen, da holte der Mönch einen kleinen Stein aus seiner Tasche und behauptete, dass man aus diesem Stein eine herrliche Suppe kochen könne. Alles, was man dazu brauche, sei ein Topf mit Wasser und eine Feuerstelle. Der Bauer stutzte und bat den Mönch ihm dieses Wunder zu beweisen. Der Mönch kochte den Stein, probierte und meinte fachmännisch, dass etwas Speck nicht schaden könne. Der verdutzte Bauer gab ihm daraufhin eine Scheibe Speck. Der Mönch gab den Speck hinein, probierte wieder und meinte, dass die Suppe bereits ausgesprochen schmackhaft sei, jedoch ein Würstchen und ein Karotte Wunder wirken könnten. Und so entlockte der listige Mönch dem Bauer nach und nach alle möglichen Zutaten. Das Ergebnis war eine deftige, wohlschmeckende Suppe.

Nach dem Genuss der Suppe nahm der Mönch den Stein, putzte ihn und steckte ihn wieder in seinen Brotbeutel. Diese Geschichte erzählt man sich noch heute in der Gegend um Almeirim bei Santarém am Tejo. Und damals wie heute ist der Stein ein Bestandteil dieses Rezeptes.

1 Stein (möglichst rund und glatt !)
1 Stück geräucherter Bauchspeck
1 Schweinefuß gut gewaschen und geschrubt*
1 Kartoffel, in kleine Würfel geschnitten
1 Zwiebel, gehackt
1 Karotte, in Scheiben geschnitten
1 Tomate gewürfelt
¼ Weißkohl oder Wirsing
100 g vorgekochte braune Bohnen
1 geräucherte Blutwurst (morcela)
1 Paprikawurst

1. Stein in den Topf legen. Bauchspeck, Schweinefuß, Würste, Zwiebel und Tomate in Salzwasser garkochen (Vorsicht mit dem Salz, da Speck und Würste salzig sind).

2. Etwas von der Fleischbrühe nehmen und die Hälfte der vorgekochten Bohnen darin pürieren. Die dicke Brühe und die übrigen Bohnen in den Topf zurückgeben.
3. Die Kartoffel, die Karotte und den Kohl dazugeben und fertig kochen.
4. Das gekochte Fleisch und die Würste herausnehmen, in Stücke bzw. Scheiben schneiden und auf den Tellern gleichmäßig verteilen. Mit Gemüse und Brühe auffüllen.
* Der Schweinefuß (sehr beliebt bei manchen Portugiesen) kann weggelassen werden.

Kürbis-Karottensuppe mit Ingwer
Sopa de abóbora com cenoura e gengibre
225 Kcal

500 g Kürbis, geschält, entkernt und
in Würfel geschnitten
2 gehackte Zwiebeln
1 geputzte Lauchstange in Ringe geschnitten
30 g Butter
4 Karotten in Scheiben geschnitten
2 TL geraspelten frischen Ingwer
¼ l Milch
1 Tasse Sahne
Salz und Pfeffer
Croutons

1. Zwiebeln und Lauch in Butter anschwitzen. Kürbis, Karotten, Milch, Wasser, Salz, Pfeffer und Ingwer dazugeben. 30 Min. lang kochen, mit dem Küchenstab pürieren und abschmecken.
2. Sahne unterrühren (nicht weiter kochen).
3. Nach Wunsch mit Croutons servieren.

Tomatensuppe
Sopa de tomate
200 Kcal

1 kg Tomaten, geschält und gewürfelt
2 Zwiebeln, in Würfel geschnitten
2 Kartoffeln, in Scheiben
1 EL Olivenöl
1 Knoblauchzehe
1 Lorbeerblatt
1 Prise Oregano
Salz, Pfeffer
Sahne
1 EL gehackte Petersilie

1. Zwiebeln und Knoblauch in Olivenöl anschwitzen.
2. Tomaten, Lorbeerblatt und Kartoffeln dazugeben. Salzen, pfeffern und einen Prise Oregano zufügen. Mit Wasser löschen und 30 Min. kochen.
3. Das Lorbeerblatt herausnehmen und die Suppe pürieren.
4. In jeden Teller einen Teelöffel Sahne einrühren, ein paar Croutons in die Mitte geben und mit frischer gehackter Petersilie bestreuen.

Tipp
Falls Dosentomaten verwendet werden, 1 TL Zucker dazugeben.

Tomatensuppe auf Alentejo Art
270 Kcal

1. Suppe wie oben vorbereiten.
2. Den Boden der Suppenschüssel mit dünnen Scheiben Bauernbrot bedecken. Die Suppe auf das Brot geben und die Schüssel gut zudecken.
3. Nebenbei ein Ei pro Person pochieren und anschließend auf dem Suppenteller servieren.

Alentejos kalte Gemüsesuppe
Gaspacho alentejano
170 Kcal

Die kalte Suppe ist mit großer Wahrscheinlichkeit von den Mauren einge-
führt worden, die dann im Alentejo mit den dort vorhandenen Kräuter
nachgewürzt wurde. Es ist eine Bauernsuppe, die man auch auf den Fel-
dern zubereiten kann. Sie schmeckt hervorragend an heißen Sommerta-
gen, da sie sehr erfrischend ist.

500 g Tomaten, geschält, entkernt und in kleine
 Würfel geschnitten
½ Gurke, geschält und in kleine Würfel geschnitten
2 Paprika entkernt und in kleine Würfel geschnitten
3 Knoblauchzehen
¼ l eiskaltes Wasser
3 EL Olivenöl
1 EL Essig
1 EL gehackter grüner Koriander
Oregano
Salz und Pfeffer
100 g Oliven

1. Die Hälfte des Gemüses mit Knoblauch, Wasser, Olivenöl und Koriander pürieren. Die Suppe darf weder wässrig noch zu breiig werden.
2. Mit Salz, Essig und Pfeffer würzen. In Kühlschrank stellen.
3. Vor dem Servieren den Rest des gewürfelten Gemüses unterrühren
   und mit Oregano bestreuen.
4. Man isst Bauernbrot und Oliven dazu.

Rebhuhnbrühe mit Kohlrabi
Caldo de perdiz com nabos
200 Kcal

2 Rebhühner
1,5 l Wasser
1 EL Olivenöl
100 g feingehackter Speck
1 gehackte Zwiebel
1 Schuss Weißwein
1 Karotte, in Scheiben geschnitten
1 Zweig Petersilie
Salz und Pfeffer
1 Lorbeerblatt
2 Kohlrabi
Croutons

Man schneidet das Brustfleisch der zwei Rebhühner für ein anderes Gericht heraus (S. 64). Danach entbeint man die Rebhühner. Die Knochen für einen Fond (S. 93) aufheben.

1. Das Fleisch wird in Wasser, Olivenöl, feingehacktem Speck, gehackter Zwiebel, Weißwein, Karotte, Petersilie, Pfeffer und Lorbeerblatt 45 Min. lang (ohne Salz) gekocht.
2. Danach die Fleischstücke herausnehmen. Beiseite stellen.
3. Die Brühe sieben und weitere 15 Min. kochen lassen.
4. Die zwei Kohlrabi schälen und in Stäbchen schneiden.
5. Den Kohlrabistreifen in der Brühe garkochen. Mit Salz abschmecken.
6. Croutons auf einen Teller geben. Mit Brühe bedecken und kleine Fleischstücke dazugeben.

Die grüne Suppe
O caldo verde
135 Kcal

Für 6 Personen
Die grüne Suppe ist ein „Muss" in jedem Fadolokal.
Wie der Name schon sagt, handelt es sich um eine Grünkohlsuppe. Der portugiesische Grünkohl (couve portuguesa) ist eine großblättrige Kohlsorte, die über einen Meter hoch wird. Man pflückt nur die größeren Blätter und lässt die Pflanze weiterwachsen. In Deutschland kann man den normalen Grünkohl verwenden.

500 g Kartoffeln, geschält und in Würfel geschnitten
250 g Kohlblätter, in feine (2 mm) Streifen geschnitten
1 - 2 Knoblauchzehen
1 Lorbeerblatt
¼ TL Nelkenpulver
1 kleingewürfelte Zwiebel
1 EL Schweinschmalz oder 2 EL Olivenöl
Salz und Pfeffer
2 Scheiben portugiesischen Rollschinken (Paio) oder Paprikawurst pro Teller

1. Alle Zutaten bis auf Kohl und Wurst in Salzwasser kochen.
2. Das Lorbeerblatt herausnehmen und alles pürieren. Danach 20 Min. weiterkochen lassen.
3. Die Kohlstreifen unterrühren und 20 Min. kochen lassen.
4. Zwei Scheiben Wurst auf jeden Teller geben und mit Bauernbrot servieren.

Hühnerbrühe mit Reis
A canja de galinha
220 Kcal

Diese Suppe wird häufig als Hausmittel gegen alle inneren Krankheiten verwendet. Die stärkende Wirkung dieser Köstlichkeit setzt aber nur ein, wenn frisch geschlachtetes Hühnerfleisch verwendet wird. Im frisch geschlachteten Huhn sind Leber und noch kleine Dotter vorhanden, die man in der Suppe mitkocht und die vorzüglich schmecken.

Tipp
Wenn keine Dotter vorhanden sind, verquirlt man ein Eigelb mit ein wenig Mehl und träufelt es langsam in die kochende Brühe.

1/2 kochfertiges frisches Huhn
2 l Wasser
1 Hühnerleber
2 Karotten, in Stäbchen geschnitten
2 EL vorgekochte Reis
Salz
frische Pfefferminzblätter

1. Huhn, Leber und Karotten im Salzwasser so lange kochen, bis sich das Fleisch von den Knochen löst. Gut abschäumen.
2. Huhn und Leber herausnehmen. Knochen vom Fleisch befreien. Die Hühnerhaut entfernen und wegwerfen. Fleischstücke und Leber in Streifen schneiden und beiseite legen.
3. 1 Liter Brühe sieben. Reis und Dotter oder Eigelb dazugeben und 5 Min. lang kochen. Restliche Brühe aufheben und als Fond verwenden.
4. Brühe mit Fleisch- und Leberstreifen und zwei Pfefferminzblättern in die Mitte des Tellers garnieren.

Meeresfrüchte

Großer Taschenkrebs oder große Seespinne
Sapateira ou Santola

Der Kauf eines Taschenkrebses oder einer Seespinne verlangt Finger-
spitzengefühl. Auf Grund von Größe und Gewicht schätzt man, ob sie
„voll" sind, d.h. ob sie nicht vor kurzem erst gelaicht haben und daher
innen ausgetrocknet sind. Im Zweifelsfall holen Sie einen Fachmann zu
Hilfe. Ein Taschenkrebs oder eine Seespinne ist preiswert und eignet sich
als feiner Imbiss zum Bier oder Weißwein.

1 lebender Taschenkrebs / Seespinne
1 sehr fein gewürfelte kleine Zwiebel
1 EL sehr fein gewürfelte Essig-Pickles
1 gehacktes hartgekochtes Ei
50 g entkernte, feingehackte, schwarze Oliven
Piri-Piri oder Cayenne Pfeffer nach Wunsch
2 EL Mayonnaise (S. 97)
1 TL Portwein
1 Zweig sehr fein gehackte Petersilie
Meeressalz
1 Zitrone zum Garnieren

1. Taschenkrebs oder Seespinne in Court Bouillon (Sehe unten) etwa 15-
   20 Min. kochen.
2. Beine abtrennen, Scheren mit einem Holzhammer aufbrechen. Die
   Schale von unten her aufmachen, indem man eine Art Bauchdeckel
   hochzieht.
3. Das Innere herauslöffeln (graue Kiemen wegwerfen), klein schneiden
   und mit den Zutaten, Portwein und Mayonnaise gut durchmischen.
4. Die Masse in die Tasche zurückfüllen, Beine und Scheren rundherum
   anrichten, mit Zitronenachteln garnieren und mit Toast servieren.

Court-Bouillon

1. 1 Zwiebel, 1 grobgeschnittene Karotte, 1 Lorbeerblatt, 1 kleiner Bund
   Petersilie, 1 Handvoll Meeressalz und 1 TL Pfefferkörner.
2. In Wasser 10 Minuten kochen.

Languste oder Hummer
Lagosta ou Lavagante

Bei der Vorbereitung dieser Meeresfrüchte (der Hummer hat einen gro-
ßen Kopf und kräftige Scheren) gibt es einige Regeln, die man unbedingt
beachten sollte:
a) Lebende Tiere haben den höchsten Qualitätswert.
b) 20 Minuten Kochzeit für ein 500 g schweres Tier.
c) Hummer/Languste in Court-Bouillon (S. 29) kochen.
d) Darm und Magen herausnehmen. Schmecken sehr bitter.

1 Languste/Hummer
175 g Butter
3 EL Weißwein
3 Eigelb
Salz und Pfeffer

1. Die Languste/Hummer in kochende Bouillon lebend kopfüber hineingeben und je nach Größe 20-40 Min. kochen. In der Bouillon abkühlen
   lassen.
2. Butter klären, indem durch Erhitzen die Molke vom Butterfett getrennt
   wird. Die Hälfte der geklärten Butter mit Wasser und Wein verrühren,
   reduzieren und etwas abkühlen lassen. Im Wasserbad das Eigelb dazugeben und umrühren, bis sich das Volumen verdoppelt hat. Die übrige Butter zugeben, salzen und pfeffern.
3. Hummer/Languste der Länge nach aufschneiden. Scheren und Füße
   herausbrechen. Scheren mit einem Holzhammer aufbrechen. Darm
   (eine dunkle Ader, der am Rücken verläuft) und Magen herausnehmen. Das Fleisch heraustrennen, in Scheiben schneiden und in die
   Schale zurücklegen.
4. Hummer/Languste auf Salatblätter mit Scheren und Füßen anrichten.
   Mit der Sauce und Toast servieren.

Frittierte Garnelen
Camarão frito
475 Kcal

Vorzugsweise Gambas mit Kopf und Schale verwenden.

Für 6 Personen
600 g Garnelen oder Gambas
1 fein gehackte Zwiebel
200 g Butter
3 EL Öl
5 Knoblauchzehen
2 TL Piri-Piri oder Cayenne Pfeffer
½ Glas Weinbrand
2 Zitronen
Meeressalz

1. 100 g Butter und Öl in einer großen Pfanne erhitzen. Die Gambas (auch gefroren) bei hoher Flamme in erhitztem Fett schwenken, bis sie eine rote Farbe angenommen haben. Kräftig salzen und mit Piri-Piri würzen.
2. Die Pfanne kurz vom Feuer nehmen (aus Sicherheitsgründen), den Weinbrand über die Garnelen gießen und sofort flambieren. Das ganze darf nicht länger als 1 Min. dauern. Die Knoblauchzehen und Zwiebeln dazugeben und 1 Min. umrühren. Die Garnelen herausnehmen.
3. Restliche Butter zugeben. Etwas ankochen lassen und gesiebt über die Garnelen gießen.
4. Reichlich mit Zitronenachteln anrichten und mit Toast servieren.

Tipp
Gambas und Garnelen isst man mit der Hand, daher empfiehlt es sich ein Schälchen mit Zitronenscheiben in warmem Wasser schwimmend neben jedem Teller bereit zu stellen, um die Finger gelegentlich abzuspülen.

Geschmorte Meeresfrüchte in der Pfanne
Cataplana de Marisco
480 Kcal

Um dieses Gericht vorzubereiten gibt es an der Algarve eine hübsche Kupferpfanne (die Cataplana) mit verschließbarem Deckel. Je nach Anzahl der Gäste gibt es Cataplanas für 2, 4, 6, usw. Personen.
Man kann gemischte Meeresfrüchte nehmen oder einfach nur Muscheln, nur Garnellen oder nur Fisch.
2. Ersatz für die Cataplana wäre jede gut verschließbare Schmorpfanne.

300 g Venus-, Kreuz- oder Herzmuscheln. Tote offene Muscheln unbedingt wegwerfen.
150 g Garnelen
4 kleine Krebse, Flusskrebse oder
1 kleine Langusten in Scheiben
4 kleine Sepien, gesäubert, in Ringe geschnitten
¼ Knoblauchwurst, in Scheiben geschnitten
2 Zwiebeln, in Ringe geschnitten
½ grüne Paprikaschote, in Ringe geschnitten
½ rote Paprikaschote, in Ringe geschnitten
6 geschälte Tomaten
4 gehackte Knoblauchzehen
2 EL Olivenöl
1 TL Piri-Piri oder Tabasco
1 TL Paprikapulver
1 Lorbeerblatt
4 Zweige Petersilie
4 Zweige frischer Koriander
1 Glas Weißwein
Salz und Pfeffer

1. Die Muscheln waschen und <u>ohne Wasser</u> in einem Topf erhitzen, bis sie offen sind. Ein EL Weißwein dazugeben, Topf schütteln und noch etwas köcheln. Muscheln herausnehmen, geschlossen gebliebene Muscheln wegwerfen. Sud durch ein Tuch sieben und beiseite stellen.
2. Die Garnelen waschen.
3. Krebsbeine ausreißen und die Schale halbieren.
4. Auf dem Boden der Pfanne bereitet man ein Bett aus Zwiebelringen und etwas Knoblauch vor.

5. Schichtweise werden die Meeresfrüchte, Sepienringe, Wurstscheiben, Paprikaschotenringe und die Tomatenstücke dazugegeben.
6. Mit Paprikapulver bestreuen. Lorbeer, Petersilie, Koriander und den restlichen Knoblauch hinzufügen.
7. Mit Olivenöl, Wein und Muschelsud begießen. Salzen und Pfeffern.
8. In geschlossener Pfanne 15 bis 20 Min. schmoren.
9. Das Gericht wird aus der Pfanne heraus serviert. Als Beilage Safranreis (S. 101) reichen.

Venusmuscheln Bulhão Pato
Amêijoas à Bulhão Pato

(Ersatzweise auch: Kreuzmuster -Teppichmuscheln
oder Herzmuscheln)
250 Kcal

1 kg frische Venusmuscheln, mehrmals gewässert. Tote, offene Muscheln
unbedingt wegwerfen
1 EL Olivenöl
1/2 gehackte Zwiebel
1 Knoblauchzehe je nach Geschmack
1 Bund frischen Koriander (unerlässlich!)
¼ Glas Essig (fakultativ)
1 Glas Weißwein
Pfeffer
2 Zitronen

1. Zwiebeln und Knoblauch in Olivenöl glasig dünsten.
2. Venusmuscheln, Koriander, Pfeffer und Wein dazugeben.
3. In geschlossenem Topf ohne Wasser kochen (10 - 15 Min.), bis alle Muscheln offen sind. Geschlossen gebliebene Muscheln wegwerfen.
4. Muscheln herausholen und den Sud durch ein Tuch sieben. Den gesiebten Sud über die Muscheln gießen.
5. Mit Zitronenachteln garnieren und Weißbrot servieren.

Garnelen- Kalmarenspieß auf Lacerda Art
Espetadas de gamba e lula à Casa Lacerda
470 Kcal

Wir verwenden Lorbeerstöcke als Spieße . Die Lorbeerstöcke geben eine besondere Duftnote an den Fisch ab, sind aber in der Stadt nicht zu bekommen. Als Ersatz verwendet man andere Holzspieße, notfalls auch Eisenspieße.

16 gesäuberte große Garnelen (S. 35)
4 Kalmare gesäubert, in breite Ringe geschnitten
100 g Bauchspeck, in grobe Würfel geschnitten
4 mittelgroße Tomaten geviertelt
2 Paprikaschoten, in breite Streifen geschnitten
2 Zwiebeln geviertelt
2 EL Olivenöl
4 gepresste Knoblauchzehen
1 TL Paprikapulver
1 EL Portwein
1 TL Piri-Piri
2 TL Senf
Salz und Pfeffer

1. Olivenöl, Knoblauch, Portwein, Paprikapulver, Piri-Piri, Senf, Salz und Pfeffer zu einer homogenen Sauce verrühren. Garnelen und Kalmare darin wenden und 1 Stunde stehen lassen.
2. Danach die Spieße vorbereiten in der Reihenfolge: 1 Stück Speck, ¼ Tomate, 1 Streifen Paprika, ¼ Zwiebel, 1 Garnele, 1 Stück Kalmar, Speck, Tomate, Paprika, Zwiebel usw..
3. Die Spieße auf Holzkohlenglut grillen, öfter drehen, ggf. mit Restsauce bepinseln.
4. Sofort mit Zitronenachteln und gemischtem Salat servieren. Ein Safranreis (S. 101) schmeckt sehr gut dazu. Extra Piri-Piri Sauce reichen.

Gegrillte „King Prawns" Garnelen
Camarão Tigre Grelhado
160 Kcal

Für 6 Personen
King Prawns, bei uns auch Tigergarnelen genannt, sind die größte Gar-
nelenart. Sie kommen meist aus Afrika oder Südostasien. Man sollte sie
im Ganzen erwerben d.h. mit Kopf und Schale. Sie wiegen 30 - 40 g pro
Stück. Da sie immer gefroren sind, sollte man auf die teureren „frischen"
verzichten. Diese sind höchstens „frisch" aufgetaut. Man kauft sie also
gefroren und taut sie selber auf, wobei zu beachten ist, dass man sie bei
Zimmertemperatur auftauen lässt. Sie werden dann gewaschen, abge-
trocknet und, ohne den Kopf zu beschädigen, der Länge nach am Rücken
aufgeschnitten. Der Darm (eine dunkle Ader, der am Rücken verläuft)
wird dann sichtbar und herausgezogen.

600 g King Prawns, wie beschrieben vorbereitet
2 EL Öl
4 gepresste Knoblauchzehen
2 TL Piri-Piri oder Tabasco Sauce
1 EL Meeressalz
Zitronenachteln zum Garnieren

1. Öl, Knoblauch, Piri-Piri und Salz gut miteinander mischen.
2. Die Garnelen schneiden und schmetterlingsförmig aufmachen, Kopf bleibt ganz. Die Gewürzmischung mit einem Küchenpinsel auf die Garnelen auftragen.
3. Auf einer heißen Blechplatte grillen. Beim Grillen weiter bestreichen.
4. Mit Zitronenachteln und Toast anrichten.

Tipp
Benutzt man einen Holzkohlengrill ohne Blechplatte, empfiehlt es sich, die Garnelen in Alufolie, in die man einige Luftlöcher sticht, zu grillen, da sie sonst austrocknen.

Meeresfrüchte mit Reis
Arroz de marisco
475 Kcal

½ kg Muscheln (Venus oder Herzmuscheln), gesäubert (S.33)
600 g verschiedene kochfertige Meeresfrüchte nach Wunsch:
Garnelen, klein Langostinos oder Flusskrebse.
250 g Tintenfische, gesäubert, in Stücke geschnitten
4 EL Olivenöl
2 feingehackte Zwiebeln
2 gehackte Knoblauchzehen, 1 Lorbeerblatt
½ kg geschälte, entkernte, gewürfelte Tomaten
2 Zweige gehackte Petersilie
1 Glas Weißwein
400 g Langkorn-Reis
Salz und Pfeffer

1. Kalmare salzen und pfeffern. In einem Kochtopf mit erhitztem Olivenöl kurz rundherum anbraten, nicht umrühren, Topf nur schwenken.
2. Reis waschen, in den Topf geben, Wasser zufügen (2 Teile Wasser für 1 Teil Reis) mit Salz abschmecken und 12 Min. kochen lassen. Danach sieben und stehenlassen.
3. In einem grosseren Kochtopf Zwiebeln, Knoblauch und Lorbeerblatt in Olivenöl anschwitzen. Weißwein, Tomaten und Petersilie unterrühren. Pfeffern und 20 Min. köcheln lassen. Sauce auf Bitterkeit prüfen. Gegebenenfalls etwas Zucker beigeben. Mit etwa 1 L Wasser auffüllen.
4. Meeresfrüchte (außer Garnelen) in die Sauce geben und weitere 20 Min. garkochen. Reis zufügen. Notfalls noch etwas Wasser dazugeben, da der Reis wässerig bleiben muss.
5. Garnelen zufügen und solange kochen bis sie die Farbe rot annehmen.
6. Sofort servieren, da der Reis die Sauce aufsaugt und nach Abkühlung klebt.

Fischgerichte

Gegrillter Fisch (allgemein)
Peixe assado na grelha

Grillen bedeutet in Portugal vor allem das Grillen von Fisch, meistens Sardinen. Außer runden Fischen (Aal, Meeraal, Muräne), ist jeder Fisch zum Grillen geeignet.

Tipps

1 - Fisch gut waschen, entschuppen und vollständig ausnehmen. Flossen werden weggeschnitten.
2 - Soweit vorhanden, verwendet man grobes Meeressalz. Vor dem Salzen werden große oder dicke Fische (Brassen, Barsch, Makrelen) seitlich mit ein oder zwei Querschnitten versehen. In die Schnittstellen steckt man feine Knoblauchscheiben und etwas Salz. Die Bauchhöhle wird gesalzen und mit Knoblauch und Petersilienzweige garniert. Dann etwa 20 Minuten ruhen lassen.
3 - Handelt sich um „Weißfisch" (z. B. Brassen, Barsch oder Scholle), wird dieser vor dem Grillen mit Öl bepinselt, da er sonst zu schnell austrocknet.
4 - Sehr große oder lange Fische, wie Adlerfisch, Goldbrasse, Zackenbarsch, Degenfisch oder Schwertfisch werden in schräge Scheiben geschnitten und vorsichtig gegrillt, da sie leicht anbrennen oder austrocknen.
Angebracht wäre auch in beiden Fällen den Fisch vor dem Grillen in gelöcherte Alufolie einzuwickeln.
5 - Vorsichtshalber stellen Sie eine Flasche Löschwasser parat. Durch das Anbrennen des Fischfetts werden die Fische geschwärzt, was nicht erwünscht ist, also sollten helle Flammen vermieden werden.

Gebratene kleine Sepien
Choquinhos fritos
380 Kcal

Wie unterscheidet man zwischen einer Sepia (choco) und einem Kalmare (lula)? Beide gehören (wie der Oktopus oder die Krake) zu der Familie der Tintenfische, die Lula ist länglich und hat unter anderem zwei extralange Tentakeln, der Choco ist rundlicher, das Fleisch ist spürbar zäher, die Tentakeln kürzer und er besitzt einen Kalkschild im Inneren.

1 kg kleine Sepien
Öl zum Frittieren
6 Knoblauchzehen
1 Lorbeerblatt
100 g gesalzene Butter
1 kleingehackte Zwiebel
1 Bund feingehackte Petersilie
Saft 1 Zitrone
Meeressalz und Pfeffer

1. Sepien gut waschen. Vorne in der Mitte des Tentakelansatzes den Schnabel entfernen, indem man ihn herausdrückt. Durch einen Schnitt in den Leibsack das Schild und die Eingeweide herausnehmen (bei sehr kleinen Sepien ist es nicht nötig).
2. Sepien mit Wasser abspülen, salzen und in heißem Öl frittieren. Lorbeerblatt und Knoblauchzehen in die Pfanne geben (nur leicht anbraten, nicht rösten).
3. Sepien aus der Pfanne nehmen, auf Küchenkrepp abtropfen lassen.
4. Nebenbei Butter schmelzen. Zwiebel, Petersilie, Zitronensaft und Pfeffer unterrühren und ohne zu kochen, eine Sauce vorbereiten. Bei Bedarf salzen.
5. Mit der Sauce, Safranreis (S. 101) und gemischtem Salat servieren.

Kalmare nach Goa-Art
Lulas à indiana
460 Kcal

In der portugiesischen Küche kommen eine Anzahl von Currygerichten vor, die man aus den ehemaligen Kolonien Goa, Damão und Diu in Indien nach Portugal gebracht hat. Beliebt sind die Garnelen-, Hähnchen- und Fischcurrys.

1 kg mittlere Kalmare
4 EL Olivenöl
1 feingehackte Zwiebel
Mehl zum Bestäuben
1 geschälter Apfel, in kleinen Scheiben geschnitten
1 Glas Kokosmilch
4 geschälte Tomaten, in Würfel geschnitten
½ TL geraspelten Ingwer
2 EL Currypulver oder Currypaste (S.96)
Piri-Piri
Saft ½ Zitrone
½ kleingewürfelte Paprikaschote
Salz, Pfeffer
250 g Basmati Reis

1. Kalmare gut waschen. Nach Wunsch enthäuten. Tentakel vom Leib- sack trennen. Augen herausdrücken. Vorne in der Mitte des Tentakel- ansatzes den Schnabel entfernen. Das Fischbein und die Innereien aus dem Körper nehmen.
2. Kalmare in Ringe, Tentakeln in Stücke schneiden. Salzen, pfeffern, mit Mehl bestäuben und leicht in Olivenöl dünsten. Beiseite stellen.
3. Zwiebel in Frittieröl glasig dünsten, Gewürze hinzufügen, Apfel darin leicht anbraten, mit Kokosmilch löschen. Tomate dazugeben. Leise köcheln, bis die Sauce dicklich wird.
4. Kalmare zu der Sauce geben. 5 Minuten kochen, eventuell nachsalzen.
5. Mit Paprikawürfel bestreuen und einen kerniggekochten Basmati Reis dazu reichen.

Gebratenes Makrelenfilet
Lombinhos de chicharro assados
500 Kcal

8 Makrelenfilets
1 Lauchstange, in 1 cm breite Ringe geschnitten
4 EL Olivenöl
8 dünn geschnittene Scheiben Bacon
2 Zwiebeln, in Ringe geschnitten
2 Tomaten, in Scheiben geschnitten
1 EL Paprikapulver
Salz und Pfeffer

1. Man nimmt 4 ausgenommene mittelgroße Makrelen. Kopf, Flossen und seitliche Zacken werden mit Hilfe einer Küchenschere oder eines scharfen Messers entfernt. Makrelen der Länge nach halbieren und übrige Gräten vorsichtig entfernen.
2. Die Filets salzen und pfeffern.
3. Lauch in 1 EL Olivenöl leicht andünsten. Den Boden einer feuerfesten Form damit bedecken. Die Baconscheiben auf das Lauchbett legen und darauf die Filets. Mit Paprikapulver bestreuen.
4. Die Zwiebel- und Tomatenscheiben auf die Filets verteilen. Mit Olivenöl begießen und im vorgewärmten Backofen (mittlere Stufe) 20 Min. backen.
5. Filets zusammen mit Bacon und Gemüse auf einem Serviertablett anrichten, mit Olivenöl aus der Bratpfanne begießen und mit Kartoffelpüree (S. 100) servieren.

Panierter Seehecht
Pescada panada
(ersatzweise auch: Merlan oder Fischfilet)
330 Kcal

4 mittlere Seehechte à 300 g
2 gequirlte Eier
1 Tasse Mehl
2-3 Tassen Paniermehl
Öl zum Frittieren
Salz und Pfeffer

1. Seehechte schuppen und säubern (lassen). Rückseite der Länge nach tief einschneiden.
2. Mit der Küchenschere Rückgrat herausschneiden.
3. Fisch salzen und pfeffern. In Mehl wenden, durch die gequirlten Eier ziehen und panieren. Je nach Größe 5 -10 Min. auf beiden Seiten frittieren. Anschließend den Fisch beiseite stellen.
4. Mit Butter „Maître d'Hotel" (S. 97) den Rückenschnitt der Fische auffüllen und servieren.
5. Als Beilage serviert man blanchiertes grünes Gemüse und Knoblauchreis (S. 100).

Forelle auf Minho-Art
Trutas do rio Minho com presunto
275 Kcal

4 mittlere küchenfertige Forellen
6 dünne rohen Schinkenscheiben
4 EL Butter
1/2 EL geraspelte Mandeln
Mehl und Salz

1. Forellen innen und außen salzen und Bauchhöhle mit je einer Schinkenscheibe füllen.
2. Forellen in Mehl wenden und bei mittlerer Temperatur in Butter 5 Min. beidseitig braten. Beiseite stellen.
3. 2 Speckscheiben kleinhacken, im Bratfett mit geraspelten Mandeln leicht anbraten. Über die Forellen streuen.
4. Forellen mit Salzkartoffeln und Salat servieren.

Gegrillter Seewolf (Loup de mer)
Robalo grelhado
345 Kcal

4 Seewölfe à ca. 300 g
oder 4 Scheiben eines großen Seewolfs
3 EL Olivenöl
1 sehr klein gehackte Zwiebel
1 Bund feingehackte Petersilie
1 TL Paprikapulver
1 EL Oregano
Meeressalz und Pfeffer

1. Fisch schuppen und säubern, seitlich leicht einschneiden.
2. Olivenöl mit Zwiebel, Petersilie, Paprikapulver, Oregano, Salz und Pfeffer vermischen und Fisch damit gut einreiben.
3. Fisch in Alufolie einwickeln und 10 - 15 Min. grillen.
4. Als Beilage Pellkartoffeln, blanchiertes grünes Gemüse, Olivenöl zum Begießen und Zitronenschnitze servieren.

Fischfilet auf portugiesische Art
Filetes à portuguesa
220 Kcal

8 Fischfilets (Seehecht, Barsch, Hechtdorsch)
1 l Milch
1 zerquetschte Knoblauchknolle
2 Zitronen in Scheiben
2 Lorbeerblätter
2 gequirlte Eier
Salz und Pfeffer
Mehl
Öl zum Frittieren

1. Fischfilets mindestens 3 Stunden in eine Marinade aus Milch, Knoblauchknolle, Zitronenscheiben, Salz, Pfeffer und Lorbeerblatt legen.
2. Filets in Mehl wenden, durch gequirltes Ei ziehen und in Öl goldbraun frittieren. Den Fisch mit Zitronenschnitzen garnieren.
3. Als Beilage passt Knoblauchreis (S. 100), gemischter Salat und Mayonnaise (S. 97) dazu.

Goldbrasse im Backofen mit Bratkartoffeln
Dourada com batata assada no forno
590 Kcal

1,5 kg Goldbrasse, Adlerfisch oder Zackenbarsch
3 Zwiebeln, in Ringe geschnitten
5 Knoblauchzehen, in Blätter geschnitten
2 dl Olivenöl
1 Glas Weißwein
2 Lorbeerblätter
3 geschälte und gewürfelte Tomaten
4 TL Paprikapulver
1 Bund Petersilie
Meeressalz und Pfeffer
1 kg Kartoffeln

1. Fisch schuppen und säubern oder säubern lassen. Seitlich jeweils zweimal schräg Richtung Kopf einschneiden. Salzen und Pfeffern. Die Hälfte des Knoblauchs in die Einschnitte stecken. Den übrigen Knoblauch und die Hälfte der Petersilie in die Bauchhöhle des Fisches füllen.
2. Den Boden einer feuerfesten Tonform mit 2/3 der Zwiebeln bedecken, mit etwas Olivenöl begießen und den Fisch drauflegen.
3. Tomaten auf den Fisch verteilen, 2 TL Paprikapulver drüberstreuen. Lorbeerblätter, den Rest der Zwiebelringe und Petersilie darauf legen und mit dem übrigen Olivenöl begießen. Weißwein rund um den Fisch geben. Im vorgewärmten Backofen (mittlere Stufe) 20 Min. braten. Fisch öfters mit der sich bildenden Sauce begießen.
4. Nebenbei Kartoffeln schälen, in Würfel schneiden und 10 Min. in Salzwasser vorkochen.
5. Kartoffeln herausnehmen, in einer Schüssel mit 2 TL Paprikapulver und Olivenöl gut umrühren.
6. Kartoffeln rund um den Fisch verteilen. Mit der Sauce weiterhin begießen und gar braten.
7. Aus der Tonform direkt auf die Teller servieren.

Schwertfisch mit Zwiebelsauce
Espadarte de cebolada
(ersatzweise auch: Thunfischsteaks)
440 Kcal

4 Schwertfischsteaks je 200 g
4 Zwiebeln, in Ringe geschnitten
2 EL Olivenöl
2 Knoblauchzehen
2 EL gehackte Petersilie
1 Glas Weißwein
Saft einer Zitrone
3 EL Margarine
Öl zum Frittieren
Salz und Pfeffer

1. Schwertfischsteaks in einer Marinade aus Salz, Pfeffer, Knoblauch, Zitronensaft und Weißwein ½ Stunde vor dem Kochen einlegen.
2. Danach in Öl frittieren, bis der Fisch auf beiden Seiten die Farbe deutlich gewechselt hat. Vorsicht: Je länger er frittiert, desto trockener wird er (was nicht erwünscht ist). Den Fisch warm halten.
3. Olivenöl erhitzen, Zwiebeln dazugeben, die Marinade hinzufügen und kurz köcheln lassen.
4. Die Steaks mit der Zwiebelsauce bedecken.
5. Als Beilage Salzkartoffeln mit viel Petersilie bestreut servieren.

Thunfischsteaks mit Tomatensauce
Bife de atum com molho de Tomate
(ersatzweise auch: Schwertfischsteaks)
500 Kcal

4 Thunfischsteaks je 200 g
Saft einer Zitrone
5 Knoblauchzehen
1 Lorbeerblatt
Öl zum Frittieren

Für die Sauce
1 EL Olivenöl
1 Dose geschälte Tomaten
1 Prise Zucker (entfällt bei frischen Tomaten)
1 kleingehackte Zwiebel
1 Lorbeerblatt
1 TL Oregano
1 EL feingehackten Sellerie
Salz und Pfeffer

1. Tomatensauce vorbereiten (siehe S. 98).
2. Thunfischsteaks salzen, pfeffern und mit Zitronensaft beträufeln. Öl mit 4 Knoblauchzehen und Lorbeerblatt erhitzen. Danach Knoblauch und Lorbeer entfernen.
3. Die Thunfischsteaks frittieren, bis der Fisch auf beiden Seiten die Farbe deutlich gewechselt hat. Je länger er frittiert, desto trockener wird er (was nicht erwünscht ist).
4. Thunfischsteaks zu der Tomatensauce geben und erhitzen.
5. Mit Salzkartoffeln servieren und Petersilie bestreuen.

Seeteufel (Lotte) mit Reis
Arroz de tamboril
530 Kcal

1 kg Seeteufel, in große Würfel geschnitten
Mehl
5 EL Olivenöl
2 feingehackte Zwiebeln
2 gehackte Knoblauchzehen
1 Lorbeerblatt
½ kg geschälte, entkernte und gewürfelte Tomaten
2 Zweige gehackte Petersilie
1 Glas Weißwein
Piri-Piri
300 g Langkorn Reis
Salz und Pfeffer

1. Seeteufel salzen und pfeffern. In Mehl wenden, in einem Kochtopf mit erhitztem Olivenöl kurz rundherum anbraten. Fisch herausnehmen und beiseite stellen.
2. Zwiebeln, Knoblauch und Lorbeerblatt in Frittieröl anschwitzen. Weißwein, Tomaten und Petersilie unterrühren. Pfeffern, etwas Piri-Piri dazugeben und 10 Min. köcheln lassen. Sauce auf Bitterkeit prüfen. Gegebenenfalls etwas Zucker beigeben. Mit 3/4 Liter Wasser auffüllen.
3. Reis waschen, in den Topf geben, 10 Min. kochen lassen. Mit Salz abschmecken.
4. Fisch vorsichtig in den Reis einbetten und weitere 5 Min. garkochen. Notfalls noch etwas Wasser dazugeben, da der Reis wässerig bleiben muss.
5. Mit Zitronenscheiben garnieren.

Der Fischeintopf
A Caldeirada
645 Kcal

Zu diesem oft fälschlich als Fischsuppe bezeichneten Gericht muss gesagt werden, dass die Vorbereitung eine große kulinarische Verantwortung darstellt. Es fängt schon bei der Auswahl der Fische an, die unbedingt frisch, gesäubert und richtig geschnitten sein müssen. Für eine erstklassige Caldeirada braucht man:
Meeraal oder Hundshai - Seeteufel - Brassen oder Barsch - Knurrhahn - Garnelen - Rochen - Sardinen und Muscheln.
Man rechnet mit 200 g Fisch pro Person, wobei mehr große und weniger kleinere Fische genommen werden.

Rezept für 12 Personen
2,5 kg Fisch
500 g Muscheln
200 g Garnelen oder Gambas (ganze)
2 kg Kartoffeln, in Scheiben geschnitten
1 kg Zwiebel, in Ringe geschnitten
1 extra große Zwiebel, in Ringe geschnitten (wird als letzte Zutat im Topf verteilt)
2 Paprikaschoten in Ringe geschnitten
500 g reife Tomaten oder 2 Dosen geschälte Tomaten,
 in Würfel geschnitten
4 EL passierte Tomaten
2 dl Olivenöl
3 gehackte Knoblauchzehen, falls gewünscht
Salz (grobes Meersalz, falls vorhanden)
Pfeffer
3 Lorbeerblätter
½ EL Paprikapulver
1 TL Oregano
1 Glas Weißwein
1 Gläschen Portwein
1 Gläschen Whisky oder Weinbrand
1 Bund Petersilie

1. Man nimmt einen großen breiten Topf.
2. Zuerst den Topfboden mit 2 dl Olivenöl begießen, 2 EL passierte Tomaten hineinrühren und mit Muscheln bedecken (damit wird das Anbrennen verhindert). Schichtweise die Hälfte der Petersilie und Knoblauch, die halbe Menge Zwiebeln, Kartoffeln und Paprika auf die Muscheln verteilen.
3. Den Fisch zugeben und zwar so, dass die festeren Fischsorten wie Rochen und Seeteufel unten und die zerbrechlichen Sorten wie Brassen und Knurrhahn oben angeordnet werden. Danach werden die Sardinen sternförmig darauf gelegt.
4. Die übrigen Zwiebeln, Kartoffeln und Paprika darauf schichten. Die Tomaten gleichmäßig darüber verteilen.
5. Die Garnelen in die Tomaten einbetten.
6. Als letzte Schicht Zwiebeln und Petersilie auflegen.
7. Das ganze salzen und pfeffern. Lorbeerblätter, Paprikapulver und Oregano zugeben und mit allen Alkoholika und zuletzt mit dem übrigen Olivenöl begießen.
8. Topf zudecken, zum Kochen bringen und 35 Min. leise köcheln. Dazwischen 1 - 2 Mal den Topf leicht schütteln.
9. Die Caldeirada wird aus dem Kochtopf direkt auf die Teller serviert.

Tipps
1. Niemals im Topf umrühren. Topf <u>nur</u> leicht schütteln.
2. Caldeirada mit Schaumlöffel in der **Vertikale** herausnehmen.

Fischbrühe mit Suppennudeln
Sopa de Caldeirada com massinhas

Bleibt noch etwas Brühe und Fischklein übrig, wird diese „Suppe" aufgewärmt und durch ein Tuch gesiebt.

100 g Suppennudeln
frische Pfefferminzblätter

1. Brühe mit Wasser verlängern. Mit Salz abschmecken.
2. Suppennudeln darin kochen und ein paar Pfefferminzblätter in jeden Teller dieser hervorragenden Fischbrühe geben. **Nach der Caldeirada servieren.**

Aale nach Franziskaner Art
Eirozes à franciscana
675 Kcal

800 g Aale, gewässert und abgetrocknet
Mehl
2 Zwiebeln, in Ringe geschnitten
2 Zweige gehackte Petersilie
2 Zweige gehackten Koriander
Salz
Öl zum Frittieren
1 Zitrone

Für die Sauce

4 EL Olivenöl
3 EL Essig
2 gepresste Knoblauchzehen
1 Messerspitze Safranfäden anrösten und in etwas
warmen Wasser auflösen
2 Gewürznelken
1 Messerspitze Kümmel
1 kleingehackte Zwiebel
1 TL Oregano
Salz und Pfeffer

1. Aale in mehrere Stücke schneiden, salzen, pfeffern und in Mehl wenden.
2. In einer Pfanne zusammen mit Zwiebeln, Petersilie und Koriander kurz rundherum frittieren. Fische auf Küchenkrepp abtropfen lassen und in eine feuerfeste Form geben.
3. Alle Zutaten für die Sauce gut miteinander vermengen und über den Fisch geben. Nun im vorgewärmten Backofen backen, bis die Sauce zu köcheln beginnt, nicht länger.
4. Mit Zitronenachteln garnieren, gemischtem Salat und frittierten Weißbrotscheiben dazu servieren.

Gegrillte Sardinen
Sardinha assada
470 Kcal

Ab Mai bekommt man die besten Sardinen auf der Markt. Sonst sind sie etwas mager und zu trocken zum Grillen.

Für 6 Personen
1,5 kg Sardinen
grobes Salz
1 kg Kartoffeln
Brot
Holzkohle zum Grillen

1. Sardinen werden vor dem Grillen nicht gewaschen, nicht geschuppt und nicht ausgenommen.
2. Sie werden einzeln mit grobem Meeressalz reichlich bestreut und man lässt es ½ Stunde einziehen.
3. Sie werden nur auf Holzkohlenglut gegrillt.
Vorsichtshalber stellen Sie eine Flasche Löschwasser parat. Helle Flammen sollten vermieden werden.
Durch das Anbrennen des Fischfetts werden die Sardinen geschwärzt, was nicht erwünscht ist.
4. Dazu passt Brot, Pellkartoffeln und gemischter Salat.

Stockfisch

Die Portugiesen beziehen den Stockfisch aus Neufundland, Island und Norwegen. Es gab Zeiten in Portugal, wo die Glaubwürdigkeit einer Regierung nach dem Angebot und Preis des Bacalhaus beurteilt wurde. So wichtig war und ist heute noch der Bacalhau für die Portugiesen. Ein mittelgroßer Bacalhau soll der Länge nach geschnitten und dann in 10 cm Stücke portioniert werden.
Der Stockfisch muss mit der Hautseite nach oben je nach Dicke bis zu 2 Tagen gewässert werden, wobei man das Wasser öfter wechseln muss. Danach probiert man ein kleines Stück Rohfisch und schätzt damit, wie viel Salz beim Kochen noch benötigt wird. Man nimmt an, dass es unzählige Arten gibt, den Bacalhau zuzubereiten. Unter das Volk sagt man das es rund ein tausend Rezepte gibt.

Stockfisch auf Hexen-Art
Bacalhau à Bruxa
570 Kcal

4 Stück gewässerten Stockfisch à 150 g
1 kg geschälte, in Stäbchen geschnittene Kartoffeln
2 Zwiebeln, in Ringe geschnitten
3 feingeschnittene Knoblauchzehen
1 dl Olivenöl
50 g Butter
etwas Salz und Pfeffer
1 Bund Petersilie
1 EL Essig

1. Stockfisch in kleine Stückchen schneiden. Zuerst einige Zwiebelringe, Zweig Petersilie, etwas Knoblauch, Pfeffer, Olivenöl und Butter auf den Boden des Topfs verteilen.
2. Darauf wird der in kleine Stückchen geschnittene Stockfisch und die Kartoffelstäbchen gelegt. Dann wieder eine Schicht Zwiebeln, Petersilie usw. darauf legen. Zuletzt begießt man alles mit Essig und lässt es in geschlossenem Topf so lange kochen, bis die Kartoffeln gar sind. Mit Salz abschmecken.
3. Es wird aus dem Topf heraus serviert. Mit Sauce begießen.

Stockfisch nach Art des Gomes de Sá
Bacalhau à Gomes de Sá
625 Kcal

Gomes de Sá war ein Bacalhaugroßhändler aus Porto. Sein Sohn Gomes de Sá Júnior hat in Restaurante „Lisbonense" in Porto dieses Gericht für ihn kreiert.

600 g gewässerten Stockfisch, in 4 Stücke geschnitten
500 g vorgekochte Kartoffeln
1,5 dl Olivenöl
1 dl Milch
3 Knoblauchzehen, klein geschnitten
2 Zwiebeln, in Ringe geschnitten
2 hartgekochte Eier, in Scheiben geschnitten
schwarze Oliven
1 Bund gehackte Petersilie
Salz und Pfeffer

1. Den gewässerten Stockfisch mit kochendem Wasser überbrühen und 20 Min. lang in gut verschlossenem Topf dämpfen lassen. Danach wird der Stockfisch abgetrocknet, enthäutet, entgrätet und mit einer Gabel in Stückchen zerdrückt.
2. Den Stockfisch nochmals mit kochender Milch überbrühen und 2 - 3 Stunden einziehen lassen.
3. Kartoffeln in Scheiben schneiden.
4. Die Zwiebelringe und den Knoblauch in eine feuerfeste Steingutbratpfanne mit Olivenöl glasig dünsten.
5. Den Stockfisch und Kartoffeln darauf verteilen und 15 Min. in vorgewärmtem Backofen (175°C) garen lassen.
6. Man serviert das Gericht in der Bratpfanne, mit Oliven, Petersilie und Eierscheiben garniert.

Stockfisch – Das älteste Rezept
Bacalhau com todos
820 Kcal

Die konservativste und einfachste Art den Stockfisch zuzubereiten ist, ihn mit allem Gemüse zu kochen.
So isst man ihn traditionell auch am Heiligen Abend.

4 Stücke gewässerten Stockfisch à ± 200 g
1 kg geschälte und halbierte Kartoffeln
1 kg Brokkoli, geputzt und gewaschen
4 Karotten, ganz
4 Eier
4 feingeschnittene Knoblauchzehen
1 Bund Petersilie, feingehackt
1 feingehackte Zwiebel
Olivenöl
Essig
Pfeffer

1. Die Kartoffeln, Karotten und Eier in leicht gesalzenem Wasser kochen.
2. Brokkoli ebenfalls in Salzwasser knapp garkochen.
3. Den Stockfisch separat kochen (benötigt 15 - 20 Minuten).
4. Knoblauch, Petersilie und Zwiebeln vermengen.
5. Ein Stück Stockfisch mit Kartoffeln, Karotte, halbiertem Ei und Brokkoli auf einem Teller anrichten, mit Knoblauch-, Zwiebel- und Petersilienmischung bestreuen.
6. Mit Olivenöl gut begießen und mit etwas Essig und Pfeffer nachwürzen.

Tipp
Olivenöl und Knoblauch erhitzen und zum begießen verwenden.

Anmerkung: *Ohne Olivenöl und Essig ist das Ganze eine unerfreulich trockene Angelegenheit.*

Stockfisch mit Portwein
Bacalhau com Vinho do Porto à portuguesa
500 Kcal

600 g gewässerten Stockfisch, in 4 Stücke geschnitten
500 g Venusmuscheln (tote offene Muscheln wegwerfen)
1 Glas Weißwein
1 Zweig Petersilie
1 Lorbeerblatt
500 g geschälte Tomaten, in Würfel geschnitten
3 EL Butter
1 Zwiebel, in Ringe geschnitten
1 dl Sahne
1 dl Portwein
2 Knoblauchzehen, kleingeschnitten
2 Gewürznelken
1 EL Mehl
Salz und Pfeffer

1. Der Stockfisch wird leicht gekocht (10 Min.), enthäutet, entgrätet und in kleine Teile zerdrückt.
2. Die Muscheln mit Weißwein, Petersilie und Lorbeerblatt zum Öffnen bringen (S. 33). Danach Muschelsud durch ein Tuch sieben.
3. Die Tomatenwürfel mit 1 EL Butter, Zwiebelringe, Knoblauch und Nelken 5 Min. schmoren lassen.
4. Mit der übrigen Butter und Mehl eine Mehlschwitze zubereiten, den Muschelsud, den Portwein, Salz und Pfeffer hinzufügen und zu einer Sauce kochen. Zum Schluss Sahne einrühren und vom Feuer nehmen.
5. Den Stockfisch in eine feuerfeste Steingutform geben, Muscheln ohne Schale und Tomate darauf verteilen, mit der Sauce gleichmäßig begießen und im Backofen (175° C) gratinieren. Als Beilage einen Knoblauchreis (S. 100) servieren.

Stockfisch auf meine Art
Bacalhau à minha maneira
620 Kcal

600 g gewässerten Stockfisch, in 4 Stücke geschnitten
1 Dose Ölsardinen ohne Haut und Gräten
3 EL Olivenöl
2 EL Butter
1 gehackte Zwiebel
2 Knoblauchzehen, kleingeschnitten
1 Zweig gehackte Petersilie
1 EL Mehl
25 g geriebenen „Queijo da Ilha" oder Parmesankäse
¼ l Milch
200 g Sahne
Salz und Pfeffer
1 Messerspitze Muskatnuss

1. Den Fisch 10 Min. kochen lassen. Aus dem Kochwasser nehmen, häuten, entgräten und in Streifen schneiden.
2. Die abgetropften Sardinen hacken und mit Knoblauch und Zwiebel in 3 EL Olivenöl und Butter glasig dünsten. Die Petersilie hinzufügen und vom Feuer nehmen.
3. Mehl mit Käse vermischen. Die Stockfischstreifen darin wenden und beiseite stellen.
4. Eine feuerfeste Steingutform mit etwas Olivenöl ausgießen.
5. Die Hälfte des Stockfischs in die Form geben und mit der Hälfte der Zwiebelschwitze bestreuen. Die zweite Hälfte des Stockfisch darrübergeben und mit den restlichen Zwiebeln bedecken.
6. Milch mit der Sahne, etwas Salz, Pfeffer und Muskatnuss verrühren, leicht erhitzen und vorsichtig über den Fisch gießen. Noch etwas geriebenen Käse drüberstreuen.
7. Im vorgewärmten Backofen (175° C) gratinieren.
8. Als Beilage isst man gedämpfte Süßkartoffeln* oder Kartoffelpüree (S. 100).

*Süßkartoffeln oder Bataten werden in Madeira und an der südwestlichen Küste Portugals produziert und sind sehr beliebt.

Stockfisch auf Brás Art
Bacalhau à Brás
660 Kcal

„Bacalhau à Brás" wurde das erste Mal von einem Weinlokalbesitzer im traditionellen Boheme-Viertel Bairro Alto in Lissabon gekocht, und ist heute auf der Speisekarte jeder Bierhalle zu finden. Schmeckt ausgezeichnet zu Bier.

600 g gewässerten Stockfisch, in 4 Stücke geschnitten
1 kg Kartoffeln, zu „Strohkartoffeln"* geschnitten
2 in dünne Scheiben geschnittene Zwiebeln
1 dl Olivenöl
Pflanzenöl zum Frittieren
3 Eier
2 Zweige gehackte Petersilie
200 g schwarze Oliven
Salz und Pfeffer

* In 5 - 6 cm lange strohhalmdicke Stäbchen schneiden.

1. Stockfisch kochen, enthäuten und entgräten. In ein Küchentuch wickeln und darauf klopfen, bis der Fisch grobfaserig wird.
2. Strohkartoffeln leicht frittieren, salzen und beiseite legen.
3. Eier mit etwas Petersilie leicht verquirlen. Nicht salzen.
4. Olivenöl in einen Topf geben. Zwiebeln, Kartoffeln und Stockfisch hinzufügen. In geschlossenem Topf schmoren lassen.
5. Zum Schluss die Eier zugeben und unter ständigem Rühren leicht stocken lassen. Die Kunst besteht darin, dass die Eierflocken sehr locker und klein bleiben.
6. Das Gericht auf einer Platte anrichten, mit gehackter Petersilie und frischgemahlenem Pfeffer bestreuen und mit Oliven garnieren.

Tipp
Statt Stockfisch zu kochen, wird er nur zerkleinert und statt ihm zu schmoren wird er in Oliven Öl unter Rühren leicht mit Zwiebeln, Kartoffeln und Ei angebraten.

Geflügel & Wild

Hähnchen auf Monchique-Art
Frango à Monchique
770 Kcal

Monchique ist der höchste Berg der Algarve. Die Gegend ist berühmt für Erdbeerbaumschnaps (Medronho), hervorragenden rohen Schinken, getrocknete Früchte, Nüsse und seine Mineralwasserquellen.

1 Huhn > 1200 g enthäutet und in Achtel geschnitten
2 EL Weizenmehl
80 g Speck, gewürfelt
3 EL Olivenöl
1 gehackte Zwiebel
2 gepresste Knoblauchzehen
1 Dose geschälter Tomaten, kleingeschnitten
1 EL Zucker bei Tomaten aus der Dose
1 grüne Paprikaschote, in Streifen geschnitten
½ Knoblauchwurst, in Scheiben geschnitten
1 TL Piri-Piri
1 TL Paprikapulver
1 Zweig Petersilie
1 Lorbeerblatt
½ Flasche guten Weißwein
1 kleines Glas Medronhoschnaps (oder Obstler)
1 Glas Portwein

1. Huhn salzen und mit Piri-Piri beträufeln.
2. Speck in Olivenöl etwas auslassen. Huhn mit Mehl bestäuben und im ausgelassenen Fett scharf anbraten.
3. Zwiebel, Knoblauch, Tomaten, Paprikaschote, Paprikapulver, Lorbeer, Petersilie und Wurst hinzufügen und gut umrühren.
4. Weißwein, Portwein und Schnaps dazugießen und geschlossen 30 - 45 Min. schmoren lassen. Mit Salz abschmecken.
5. Als Beilage passen Bratkartoffeln (S. 102) am besten.

Brathähnchen auf Alentejo-Art
Frango frito à alentejana
510 Kcal

1 Fleischhuhn, enthäutet und in Achtel geschnitten
3 EL Olivenöl
1 EL Paprikapaste
1 EL Tomatenmark
2 gepresste Knoblauchzehen
1 TL Piri-Piri oder ein andere scharfe Sauce
Saft einer Zitrone
1 Glas Weißwein
1 Schnapsglas Aguardente (Ersatzweise: Grappa)
schwarze Oliven
Salz und Pfeffer

1. Hühnerstücke in einer Schüssel mit Paprikapaste, Tomatenmark, Knoblauch, Piri-Piri, Salz und Pfeffer gut durchmischen.
2. Öl erhitzen und die Stücke goldbraun darin braten. Zudecken und bei leisem Feuer kurz schmoren lassen.
3. Pfanne aufdecken und fertig braten. Huhn herausnehmen und warm halten.
4. Bratensatz mit Aguardente und Weißwein löschen. Zitronensaft zugeben und Sauce reduzieren*.
5. Das Huhn mit Pommes frites oder Knoblauchreis (S. 100), schwarzen Oliven und gemischtem Salat servieren. Die Sauce wird getrennt dazu gereicht.

*reduzieren = Sauce durch langes Kochen eindicken.

Entenbraten mit Reis auf Braga-Art
Arroz de pato à moda de Braga
980 Kcal

Für 6 Personen
1 küchenfertige Ente (ca. 2500 g)
1 Knoblauchwurst, in Scheiben geschnitten
125 g gewürfelten rohen Schinken
2 gehackte Zwiebeln
1 fein gewürfelte Karotte
2 Orangen und 2 Zitronen, in Scheiben geschnitten
Saft zweier Orangen
1 Glas Wermutwein zum Begießen
1 Glas Portwein
500 g Langkornreis
30 g Margarine
50 g Butter
Salz und Pfeffer

1. Die Ente mit Zitronen- und Orangenscheiben 1 Stunde lang in Salzwasser leise kochen. Herausholen, abkühlen lassen und in acht Stücke teilen.
2. Die Entenbrühe entfetten und beiseite stellen.
3. Die Entenstücke mit 1 Zwiebel und der Karotte in eine feuerfeste Form geben, mit zerlassener Butter bestreichen, pfeffern und im Backofen goldbraun braten. Entenstücke häufig wenden und mit Wermutwein übergießen. Nimmt die Ente die goldbraune Farbe an, Orangensaft und Portwein dazugießen. Die fertig gebratenen Entenstücke warmhalten und den Bratensatz notfalls mit etwas Wasser lösen.
4. Mit Margarine und Zwiebel eine Schwitze herstellen, den rohen Schinken, Knoblauchwurst und 1 l Entenbrühe dazugeben, den Reis 10 Min. lang darin kochen.
5. Reis in Backform geben, mit Bratsauce vermengen.
6. Entenstücke auf den Reis verteilen. Im Backofen alles ausdünsten lassen, bis der Reis trocken ist.
7. Auf einer Platte anrichten. Mit Zitronen- und Orangenscheiben garnieren.

Gefüllter Truthahn
Perú recheado
800 Kcal

Für 8-10 Personen
1 küchenfertiger Truthahn (4 - 5 kg)

Für die Marinade

2 Orangen in Scheiben
2 Zitronen in Scheiben
2 dl Schnaps (Aguardente, Obstler oder Grappa)
1 EL Salz in ca. 2 l Wasser

Für die Streichmasse

1 dl Olivenöl
8 gepresste Knoblauchzehen
3 EL Senf
1 TL frischgemahlenen Pfeffer
Saft einer halben Zitrone und
1 EL grobes Meersalz
alles gut miteinander vermischt

Für die Füllung

3 Truthahnlebern oder Gänselebern
1 fein gehackte Zwiebel
25 g Butter
1 Weißbrotscheibe, ohne Rand in Milch eingeweicht
2 Eier
1 Apfel, fein geschnitten
50 g gewürfelter Speck
3 EL gehackte Petersilie
1 Gläschen Branntwein
Salz und Pfeffer

Für die Sauce

2,5 dl trockenen Weißwein
1 Gläschen Branntwein
1 TL Speisestärke, in etwas kaltem Wasser angerührt

1. Den Truthahn über Nacht in eine Marinade aus Salzwasser, Schnaps, Orangen- und Zitronenscheiben legen. Am nächsten Tag gut abtrocknen und mit der Streichmasse innen und außen einreiben. 1 Stunde liegen lassen.
2. Für die Füllung die Zwiebel mit der gehackten Leber in Butter andünsten; mit Brot, Speck, Apfelschnitten, Petersilie und Eiern vermischen. Ein Gläschen Branntwein dazugeben, salzen und pfeffern. Die Mischung gut kneten. Truthahn mit dieser Farce füllen (ggf. auch unter die Brusthaut füllen) und zunähen.
3. Truthahn in vorgewärmtem Backofen etwa 3 Stunden, **stets auf den Seiten liegend**, braten. Erst in den letzten 15 Min. auf den Rücken legen.
4. Truthahn in Folie einwickeln und warm stellen. Bratsatz mit Weißwein loskochen, Branntwein zugeben, durchsieben, mit Speisestärke binden und etwas kochen lassen.
5. Als Beilagen passen Kartoffelpüree (S. 100) oder Bratkartoffeln (S. 102) und Blaukraut.

Bemerkung: Semmelknödel sind in Portugal unbekannt, aber zum Truthahn sehr zu empfehlen.

Wachteln in Madeirasauce
Codornizes fritas com Vinho da Madeira
395 Kcal

4 küchenfertige Wachteln
100 g Butter
2 Knoblauchzehen
½ Glas Weißwein
½ Glas Madeirawein
1 TL Ginster
Salz und Pfeffer

1. Die gesäuberten Wachteln der Länge nach halbieren, kräftig salzen und pfeffern. Die Hälften in Butter sautieren, Knoblauch und Ginster kurz mit anbraten, danach entfernen.
2. Bratsatz mit Weißwein und Madeirawein lösen.
3. Die Wachteln auf einer Platte anrichten. Sauce durchsieben und über die Wachteln gießen. Mit einem Gemüsepüree servieren (S. 99 ff.)

Feldhase /Kaninchen nach Jägerart
Lebre ou coelho à caçadora
430 Kcal

Feldhase oder Kaninchen küchenfertig beim Metzger kaufen.

Den Hasen oder das Kaninchen in 8 Stücke schneiden und 24 Stunden in folgender Marinade in einem Tontopf oder einer Tonschüssel einlegen:

1 l Rotwein
6 zerdrückte Knoblauchzehen
2 Lorbeerblätter
Salz und Pfeffer
2 EL Olivenöl
1 TL Oregano

Am nächsten Tag den Hasen aus der Marinade herausnehmen. Die Marinade als Kochflüssigkeit aufheben.

1 gehackte Zwiebel
1 Bund gehackte Petersilie
8 dünne Speckscheiben
2 zerdrückte Knoblauchzehen
Salz und schwarzen Pfeffer
3 Gläser Marinade
1 TL Essig
1 Zweig Ginster oder 1 TL gemahlenen Ginster

1. Die Kaninchenstücke mit den Speckscheiben umwickeln. Scheiben mit einem Faden festbinden. Die Kaninchenstücke in einen Topf geben.
2. Zwiebel, Petersilie, Knoblauch, Pfeffer, Marinade, Essig und Ginster zum Hasen geben und etwa 1 Stunde bei kleiner Flamme in geschlossenem Topf kochen.
3. Mit Salz abschmecken und bei großer Flamme und geöffnetem Topf, die Sauce reduzieren.
4. Als Beilage portugiesische Kümmelkartoffeln (S. 102) und frittierte Brötchenscheiben.

Wildschwein nach Trás-os-Montes-Art
Javali à Transmontana
530 Kcal

1 kg Wildschweinlende
3 grobgehackte Zwiebeln
2 Paprikaschoten, in Streifen geschnitten
1 in feine Streifen geschnittene Fenchelknolle
2 EL Schweineschmalz
1 TL Paprikapulver
Piri-Piri
½ l Fleischbrühe
1 dl Rotwein
Salz und Pfeffer

1. Fleisch mit Paprikapulver, Piri-Piri, Salz und Pfeffer gut einreiben, anschließend in Schmalz rundherum anbraten. In einen großen Topf geben.
2. Zwiebeln, Paprika- und Fenchelstreifen hinzufügen und mit Brühe und Rotwein auffüllen. 3/4 Stunde schmoren lassen. Danach bei geöffnetem Topf die Sauce etwas reduzieren.
3. Pinienreis, Weintrauben in Portweinsirup (S. 101) und Rosenkohl als Beilage servieren.

Pinienreis
Arroz de pinhões

150 g Langkornreis
1 - 2 EL Pinienkerne
Salz
1. Pinienkerne fein hacken, zum kochenden Reis geben.

Rosenkohl
Couve de Bruxelas

1. Rosenkohl kurz blanchieren und dann in Butter garschwenken.

Rebhuhn mit Pilzen
Perdiz com Cogumelos
355 Kcal

Für 8 Personen
4 küchenfertige Rebhühner à 600 g

Brustfleisch vorsichtig herausschneiden und enthäuten. Mit restlichen Teilen einen Geflügelfond herstellen (S. 93).

500 g in Scheiben geschnittene Pilze
(Steinpilze, Austernpilze oder Champignons)
50 g Butter
1 TL Paprikapulver
2 dl Sahne
3 Zweige gehackte Petersilie
1 dl Geflügelfond
Salz und Pfeffer

1. Die Bruststücke salzen und pfeffern.
2. In Butter sanft braten, bis sie eine rosa Farbe annehmen, herausholen und warm halten.
3. Die Pilze mit etwas Butter in die Pfanne geben. Mit wenig Salz und Pfeffer würzen und kurz anbraten. Mit Fond löschen und die Sauce reduzieren. Paprikapulver und Sahne zugeben und erhitzen.
4. Pilze und Sauce anrichten. Das Fleisch auf die Pilze servieren und mit Petersilie bestreuen.

Tipp
Falls sich das Fett von der Sahne trennt, bindet man es wieder, indem man etwas Wasser dazugibt.

Fleisch

Schmorfleisch auf portugiesisch
O Cozido à Portuguesa
700 Kcal

Der Cozido ist das portugiesische Nationalgericht Nr. 1. *Aufgrund der deftigen Zutaten sollte man es nicht unbedingt abends essen. Rund um ein Cozido sitzen Sie mehrere Stunden bei geselliger Unterhaltung.*

Rezept für 8 Personen
300 g Schweinebauch am Stück
500 g Rindfleisch am Stück
1 kochfertiges Huhn
1 Paprikawurst
1 Blutwurst („morcela", geräuchert)
1 kg mittlere Kartoffeln
4 Karotten in Stücken
2 Kohlrabi in Stücken
½ Weißkohl, geputzt, ohne Strunk, geviertelt
½ Wirsing, geputzt und geviertelt
200 g braune Bohnen
250 g Reis
Salz

1. Alle Fleischsorten und die Bohnen in reichlich Salzwasser garkochen. Fleischstücke herausnehmen, Kochbrühe sieben und Bohnen warmstellen.
2. In der Brühe werden die Gemüse gargekocht.
3. In ½ l der Fleisch-Gemüse-Brühe den Reis locker kochen.
4. Fleisch und Würste in die restliche Brühe zurückgeben und aufwärmen.
5. Auf einem Serviertablett werden das Fleisch und die Würste in der Mitte angerichtet, das Gemüse rund herum und mit heißer Brühe begossen.
6. Reis und Bohnen werden getrennt gereicht.

Schweinekeule gebraten
Pernil de porco no forno
490 Kcal

1 Schweinekeule ca. 1,5 Kg
1 TL Paprikapulver
4 gepresste Knoblauchzehen
1 TL Majoran
1 EL Olivenöl
Salz und Pfeffer
2,5 dl Weißwein

Für die Sauce

1 EL Olivenöl
1 ungeschälte Knoblauchzehe
Kochwasser der Schweinehaxe
1 Eigelb
1 Zitrone

1. Die Schweinekeule in leicht gesalzenem Wasser kurz kochen.
2. Nebenbei die Gewürze mit 1 EL Olivenöl gut mischen. Die Keule mit der Mischung gut einreiben.
3. Solange im Backofen (bei 220°C) braten (2-2 ½ Stunden je nach Größe), bis sie knusperig wird, dazwischen öfters wenden und mit der sich bildenden Sauce begießen. Eine halbe Stunde vor Ende der Bratzeit mit kaltem Weißwein begießen.
4. Keule in Alufolie wickeln und warmstellen.
5. Knoblauch in 1 EL Öl leicht anbraten, danach entfernen. Öl etwas abkühlen lassen.
6. Den Bratensatz mit ¼ Liter Kochsud loskochen, sieben, Knoblauchöl dazugeben und zusammen zum Kochen bringen. Sauce vom Feuer nehmen und mit dem Eigelb binden. Nicht weiter kochen. Nach Wunsch mit Zitronensaft abschmecken und kräftig pfeffern.
7. Schweinekeule mit Folienkartoffeln und Bratäpfeln servieren.

Geschmortes Kalbsfleisch
Vitela estufada no tacho
540 Kcal

750 g gewürfeltes Kalbfleisch
75 g gewürfelten Bauchspeck
6 Knoblauchzehen
1 Lorbeerblatt
½ l Rotwein (Dão, Cartaxo oder Bordeaux)
2 EL Olivenöl oder Margarine
2 grobgehackte Zwiebeln
400 g gewürfelte Karotten
1 TL Oreganoblätter
2 EL Weizenmehl
1 Gläschen Weinbrand
1 TL Majoran
Salz und Pfeffer

1. Das Fleisch ein paar Stunden in einer Marinade aus Wein, gedrückten Knoblauchzehen, Lorbeer, Salz und Pfeffer legen.
2. Anschließend das Fleisch und den Speck in Öl oder Margarine rundherum anbraten. Mit Weinbrand löschen.
3. Zwiebeln und Karotten unterrühren, mit etwas Mehl bestäuben, umrühren und mit der Marinade und etwas Wasser bedecken. Auf kleiner Flamme 1 - 1½ Stunden (je nach Fleischsorte) kochen lassen. Es empfiehlt sich, das Fleisch mehrmals auf den Garzustand zu prüfen. 20 Min. vor Ende der Kochzeit Kräuter zugeben. Bei geöffnetem Topf die Brühe etwas reduzieren.
4. Fleisch mit der gesiebten Sauce übergießen und dicke Rohrnudeln (Penne oder Rigatoni) dazugeben.

Geschmortes Schweinefleisch
*Das obere Gericht kann auch mit **Schweinefleisch** zubereitet werden. Man gibt dann:*

1 TL Majoran mehr statt Oregano
Weißwein statt Rotwein verwenden

1. Kurzer schmoren lassen.

Spaghetti mit Schweinefleisch
Carne guisada com esparguete
450 Kcal

Dies ist das einzige original portugiesische Spaghettigericht.

500 g gewürfeltes Schweinefleisch
½ in dünne Scheiben geschnittene Knoblauchwurst
1 grob gehackte Zwiebel
1 EL Olivenöl
1 EL Butter
2 gepresste Knoblauchzehen
1 Dose geschälte und kleingewürfelte Tomaten
1 TL Zucker
½ Glas Weißwein
Salz und Pfeffer
300-400 g Spaghetti
4 sehr fein geschnittene Kopfsalatblätter

1. Das Fleisch in Olivenöl und Butter rundherum anbraten.
2. Die Zwiebeln, Knoblauch, Wurstscheiben, Tomaten, Wein, Salz und Zucker dazugeben.
3. Den Topf mit Wasser auffüllen, so dass das Fleisch gut bedeckt ist. Im Schnellkochtopf 10 Min. kochen.
4. Danach etwas Wasser zufügen, mit Salz abschmecken, kochen lassen, die Nudeln dazugeben und 8 Min. bei geöffnetem Topf weiterkochen. Die Sauce muss dicklich werden.
5. Das Gericht auf einer Platte anrichten. Die Salatschnipsel unterheben, mit frischgemahlenem Pfeffer würzen und sofort servieren.
6. Ohne Käse servieren.

Schweinefleisch mit Muscheln
Carne de porco à alentejana
620 Kcal

Dieses Gericht ist eine berühmte Spezialität aus der Provinz Alentejo. Man ist sich nicht einig darüber, ob man es mit oder ohne Kartoffeln zubereitet. Unter den Kartoffelliebhabern streitet man sich des weiteren darüber, ob sie gekocht oder gebraten sein sollen. Ich bereite dieses Fleisch - Muschel - Gericht zuerst ohne Beilage zu und gebe vorgekochte Kartoffeln am Schluss dazu, so dass sie von der Sauce durchgetränkt werden.

500 g mager Schweinefleisch, in Würfel geschnitten
1/2 l Weißwein
1 kg Venus- oder Herzmuscheln
4 Knoblauchzehen
1 EL Paprikapaste
25 g Schweineschmalz oder Margarine
1 EL Olivenöl
2 gehackte Zwiebeln
½ kleingewürfelte Paprikaschote
½ TL Piri-Piri nach Wunsch
½ Dose geschälte und kleingewürfelte Tomaten
2 Lorbeerblätter
1 EL Paprikapulver
1 Bund feingehackten, frischen Koriander
Salz und Pfeffer
2 Zitronen, in Achtel geschnitten
200 g schwarze Oliven
700 g vorgekochte Kartoffeln

1. Das Fleisch etwa 3 - 4 Stunden in einer Marinade aus Weißwein, 3 gedrückten Knoblauchzehen, Lorbeerblatt, Paprikapulver und Pfeffer legen. Danach Knoblauch und Lorbeer entfernen.
2. Die Fleischstücke abtrocknen, salzen, mit Paprikapaste verrühren und in Schmalz goldbraun braten.
3. Die Bratsauce mit der Hälfte der Marinade loskochen und etwas reduzieren lassen.

4. Muscheln mit etwas Koriander, Pfeffer und ¼ Liter Marinade in geschlossenem Topf ohne Wasser kochen (10 -15 Min.), bis alle Muscheln offen sind.
5. Geschlossen gebliebene Muscheln wegwerfen. Muscheln herausholen,
den Sud durch ein Tuch sieben und aufheben.
6. Mit Olivenöl, Zwiebeln und Knoblauch eine Einbrenne zubereiten. Pap-
rikaschoten- und Tomatenwürfel hinzufügen und 10 Min. simmern lassen.
7. Muscheln und Sud dazugeben. Fleisch und Bratsauce unterrühren.
8. Die vorgekochten Kartoffeln 5 Min. vor dem Servieren zu den Muscheln hinzugeben und vorsichtig unterrühren.
9. Auf einem Servierteller anrichten, mit Koriander bestreuen und mit O-
liven und Zitronenachteln garnieren.

Zicklein- oder Lamm-Schmorbraten in Römertopf auf Beira-Alta-Art
Chanfana oder Lapantana à beiroa (Lamm)
500 Kcal

Der scharfe Beigeschmack beim Lamm- und Ziegenfleisch steckt im Fett, im Talg, den Talgdrüsen und den Sehnen. Deshalb müssen diese Teile sehr sorgfältig entfernt werden. In den Keulen gibt es zwei extra Talgdrüsen und den Ischiasnerv, die ggf. vom Metzger entfernt werden müssen.

1. Fleisch von allen diesen Teilen säubern. Das nimmt etwas Zeit in Anspruch, ist aber notwendig.
2. Alle Fleischteile vor dem Kochen anbraten, so dass das Restfett abschmilzt. Das geschmolzene Fett wegwerfen.
3. Beachten Sie, dass sich dadurch die Kochzeit um die Hälfte verringert.
4. Verwenden Sie etwas Kreuzkümmel, Nelken oder Rosmarin um den Restgeschmack zu übertönen.

1,5 kg Zicklein oder Lammfleisch (Halsgrat, Sattel oder Rücken)
2 EL Öl
2 EL Margarine
3 Zwiebeln, in Ringe geschnitten
2 Knoblauchzehen
1 TL Paprikapulver
2 Lorbeerblatt
½ TL Nelkenpulver
1 Bund Petersilie
1 Flasche Rotwein
Salz und Pfeffer

1. Das Zicklein in grobe Stücke schneiden und 8 Stunden in einer Marinade aus Rotwein, zerdrückten Knoblauchzehen, Lorbeerblatt, Paprikapulver, Salz und Pfeffer legen.
2. Danach Fleisch in einen Tontopf (Römertopf) auf ein Zwiebelbett legen.
3. Mit den übrigen Zwiebeln zudecken. Öl darüber gießen, mit Nelkenpulver würzen, Margarine und Petersilie dazugeben und mit der Marinade auffüllen, so dass alle Fleischteile bedeckt sind.
4. Geschlossen im Backofen etwa 2 Stunden (145°C) schmoren lassen.
5. Mit halbgekochten Kartoffelachteln, die man 20 Min. vor Ablauf der Garzeit in den Tontopf hinzugibt, servieren.

6. Gemüsepurée (Spinat, Karotten, S. 99 ff.) oder Wirsing passen sehr gut dazu.

Garproben: Es empfiehlt sich, das Fleisch mehrmals auf den Garzustand zu prüfen. Bei zu langem Kochen besteht die Gefahr, dass sich das Fleisch von Knochen löst und verkocht.

Lamm nach Art der Gärtnerin
Borrego à Jardineira
580 Kcal

Für 6 Personen
1 kg gut gesäubertes Ziegen- oder Lammfleisch (Rücken und Halsgrat)
3 EL Olivenöl
3 gehackte Zwiebeln
3 Knoblauchzehen
250 g frische Erbsen oder 1 Dose Erbsen (abgetropft)
(Ersatzweise: Schnittbohnen)
1 kg Kartoffeln
4 Karotten
½ grüne Paprikaschote
1 Kohlrabi
1 Glas Weißwein
1 Gläschen Weinbrand
½ TL Kreuzkümmel
1 Lorbeerblatt
Salz und Pfeffer

1. Fleisch in Stücke hacken, in Olivenöl anbraten.
2. Salzen und pfeffern, Knoblauch und Zwiebeln dazugeben, mit Weinbrand begießen. Etwas schmoren lassen.
3. Weißwein dazugeben und mit Wasser auffüllen, so dass alle Fleischteile bedeckt sind. Zum Kochen bringen. Etwa 40 Min. schmoren lassen.
4. Kartoffeln in Achtel schneiden.
5. Erbsen schälen oder abtropfen. Karotten in Würfel schneiden.
6. Paprikaschote in Streifen schneiden.
7. Kohlrabi in Würfel schneiden.
8. Gemüse, Kümmel und Lorbeerblatt in Topf geben. Mit Salz abschmecken und etwa ½ Stunde mitschmoren lassen.
9. Vom Herd nehmen und vor dem Servieren in geschlossenem Topf eine ¼ Stunde ziehen lassen.

Bohneneintopf auf Trás-os-Montes-Art
Feijoada à transmontana
540 Kcal

Dieser Eintopf wurde früher mit Linsen zubereitet. Wegen der Haltbarkeit der Zutaten (getrocknete, gesalzene und geräucherte Waren) wurde es zum Gericht der Seeleute und später auf den Plantagen in Brasilien zum Lieblingsgericht der Sklaven. Hier das portugiesische Originalrezept aus der Provinz Trás-os-Montes.

Für 6 Personen
500 g braune Bohnen oder schwarze Bohnen
500 g Schweinefleisch (oder Dörrfleisch)
1 Paprikawurst und 1 Blutwurst in Scheiben geschnitten
250 g Bauchspeck, grob geschnitten
1 gesalzener Schweinsfuß*, geviertelt und gewässert
1 große Zwiebel, gewürfelt
3 Karotten, in dünne Scheiben geschnitten
2 Knoblauchzehen
3 EL Olivenöl
1 Dose geschälte Tomaten
1 Zweig Salbei
1 TL Kümmel
1 Glas Weißwein
Reis nach Wunsch

* Der Schweinsfuß und das Schweinsohr sind sehr beliebte Zutaten für einige Gerichte in Portugal.

1. Bohnen über Nacht einweichen.
2. Bohnen zusammen mit Fleischteilen und Salbei, aber ohne Würste und Salz im Schnellkochtopf 20 Min. garkochen.
3. Zwiebel, Karotten und Knoblauchzehen in Öl andünsten. Weißwein, zerdrückte Tomaten und Kümmel beifügen, verrühren und etwa 15 Min. bei schwacher Hitze ziehen lassen.
4. Bohnen, in Stücke geschnittene Fleischteile und Wurstscheiben dazugeben, mit Kochbrühe auffüllen, mit Salz abschmecken und weitere 15 Min. köcheln lassen.
5. Mit in der Bohnen-Kochbrühe gekochtem Reis servieren.
   In Brasilien gibt man auch Orangenscheiben und in Butter geröstetes Maniokmehl (**Farofa**) dazu.

Schweinewürfel in der Pfanne (auf Vorrat)
Rojões salteados
320 Kcal

Das sind 3 - 4 cm große Schweinefleischwürfel wie sie im Norden Portugals nach einem Schlachtfest auf Vorrat zubereitet werden. Sonst nimmt man das übliche Schweingulasch.

10 Portionen
2 kg Schweinelende in Würfel geschnitten oder Schweingulasch
5 gepresste Knoblauchzehen
1 EL Oregano
1 EL Essig
1 Tasse Olivenöl
2 EL Paprikapaste (Pimentão)
6 Lorbeerblätter
1 EL Majoran
500 g Schweineschmalz
frischgemahlener Pfeffer

1. Knoblauch, Oregano, Essig, Olivenöl, Pfeffer, Majoran und Pimentão zu einen Masse vermischen. Würfel damit verrühren.
2. Danach in einer Tonschüssel an einem kühlen Platz aufbewahren. 2 bis 3 Tage lang die Würfel öfters umrühren.
3. Würfel in Schmalz kurz braten und wieder in Tonschüssel mit Lorbeerblättern zurücklegen.
4. Tonschüssel mit geschmolzenem Schmalz auffüllen, bis die Rojões bedeckt sind. Mit Frischhaltefolie luftdicht verschließen. An einem kühlen Ort aufbewahren. So halten sich die Rojões ein paar Wochen lang.
5. Bei Bedarf Rojões herausholen, in eigener Schmalzschicht braten und leicht salzen.
6. Dazu reicht man Bratkartoffeln (S. 102), Zitronenachtel, Mixed Pickles und schwarze Oliven.

Leberschnitzel auf Lissabonner Art
Iscas à lisboeta
610 Kcal

*Trotz aller Bedenken über giftige Rückstände, bleiben die **Iscas**, wie man die hauchfein geschnittene Leber in Portugal nennt, eine feine Sache.*

Tipps
1. Sehr dünnen Scheiben erhält man, indem man die leicht angefrorene Leber mit der Brotmaschine schneidet.
2. Beim Braten Schweineschmalz statt Öl oder Margarine verwenden. Geringere Spritzgefahr!

750 g Schweine- oder Kalbsleber
2 Zwiebeln, in Ringe geschnitten
2 EL Weizenmehl
4 feingeschnittene Knoblauchzehen
1 Glas Essig
1 Glas Weißwein
1 Lorbeerblatt
2 EL Ketchup (Ersatzweise: 1 EL Tomatenmark)
3 EL Schweineschmalz
1 kg geviertelte Kartoffeln
1 EL feingehackte Petersilie
Salz und Pfeffer

1. Die hauchfein geschnittene Leber in eine Marinade aus Essig, Knoblauch, Salz und Pfeffer, Lorbeerblatt und Ketchup 12 Stunden lang einlegen. Danach Marinade wegwerfen.
2. Die Leberscheiben in Schmalz braten und warmstellen. Die Zwiebelringe in Mehl wälzen, im Bratfett leicht frittieren und auf die Iscas legen.
3. Den Pfannensatz mit Weißwein löschen, nachsalzen, sieben und in eine Saucière geben.
4. Als Beilage isst man nur **Salzkartoffeln**, die man mit Petersilie bestreut.

Über Steaks

Steaks *(Bifes) sind in Portugal sehr beliebt. Wenn man nicht weiß, was man essen soll, bestellt man meistens ein „Bife com batatas fritas" (Steak mit Pommes) oder „Bife com ovo a cavalo" (Steak mit Spiegelei darauf). Auch bei Kindern ist es immer willkommen.*
Ein kleines Steak in einem Brötchen heißt „Prego" oder „Bifana" je nach-dem, ob es sich um Kalb- oder Schweinefleisch handelt. Das Bife im Brot wird meistens mit Senf gegessen und ist in viele Lokale zu bekommen.
Ein „Bitoque" ist ein kleines Steak mit Pommes und Spiegelei in reichlich Sauce in einem Tonschüsselchen serviert. Es gilt als Spezialität jeder Bierhalle.
Als Fleisch für einem Steak nimmt man ein fingerdickes 180 g Stück aus der Hochrippe, Lende oder der oberen Keule. Abgesehen von der Fleischqualität (suchen Sie sich einen Metzger Ihres Vertrauens) liegt die große Kunst der Steakzubereitung in der Sauce, die ihm meistens den Namen gibt.

Garzeiten: *Man kann das Steak pro Seite ca. 2 Min. blutig (mal passa-do), 4 Min. rosa (médio) und 5 - 6 Min. durchgebraten (bem passado) sautieren oder grillen.*

Tipps
1. Steaks dürfen nicht direkt aus dem Kühlschrank in die Pfanne kom-men, da sie beim Braten zäh werden können.
2. Steaks bei Zimmertemperatur bis zum Kochen ruhen lassen. Steaks niemals klopfen.
3. Die Steaks vorher würzen, mit Öl anpinseln und erst beim Sautieren bzw. Grillen salzen.
4. Mit hohen Anfangstemperaturen braten, danach Hitze auf mittlere Stu-fe zurückschalten.
5. Steaks wenden ohne hineinzustechen, da sonst der Saft abfließt und sie austrocknen.

Portugiesisches Steak
Bife à Portuguesa
550 Kcal

4 Steaks
5 Knoblauchzehen
1 EL Weinessig
4 Scheiben rohen Schinken
2 EL Olivenöl
150 g Butter
1 Lorbeerblatt
1 TL Zitronensaft
½ Tasse Weinbrand
Zitronenschnitze
4 Eier
Mixed Pickles
Salz und frischgemahlener Pfeffer

1. Eine Masse aus vier zerdrückten Knoblauchzehen, Weinessig, 1 EL O-livenöl und viel Pfeffer vorbereiten.
2. Steaks damit einreiben.
3. 1 Knoblauchzehe und Lorbeerblatt in heißem Olivenöl und 100 g Butter 1 Min. lang anbraten, dann herausnehmen und wegwerfen.
4. Steaks im heißen Fett 1 Min. auf beiden Seiten anbraten, danach Hitze herunterschalten und weiter 2 - 4 Min. pro Seite braten, dazwischen salzen. Steaks warmstellen.
5. Den rohen Schinken im gleichen Fett kurz anbraten. Auf jedes Steak eine Scheibe auflegen.
6. Die Hälfte des Bratfetts wegschütten.
7. Den Bratsatz mit Weinbrand gut auslösen (Alkohol verdampfen lassen), mit 50 g Butter verrühren. Steaks und Schinken mit dieser scharfen Sauce übergießen.
8. Mit Zitronenschnitzen, Pommes frites, Spiegeleier, Mixed Pickles und **Esparregado** (S. 99) servieren.

Tipp

Spiegeleier (*195 Kcal*) werden ohne Salz nur in Butter gebraten.

Kalbschnitzel mit Madeirasauce
Escalopes de vitela com molho Madeira
550 Kcal

8 kleine, dünne Kalbschnitzel (80-100 g)
Weizenmehl
100 g Butter
4 EL Demi-Glace (S. 91)
4 Zweige fein geschnittene Petersilie
¼ l Madeirawein
Salz und Pfeffer

1. Schnitzel mit Mehl bestäuben und in heißer Butter pro Seite 3 Min. anbraten. Leicht salzen, pfeffern und beiseite stellen.
2. Demi - Glace in die Pfanne geben und erhitzen.
3. Zum Schluss Madeirawein und Petersilie dazugeben und leicht reduzieren. Mit Salz abschmecken.
4. Schnitzel mit Sauce übergießen und mit Tagliatelle und Karottenpüree (S. 100) servieren.

Steak Cartaxo
Bife à Cartaxo
410 Kcal

4 Steaks
4 Knoblauchzehen
2 EL Schweineschmalz
2 EL Butter
1 Lorbeerblatt
1,5 Glas Cartaxo-Wein oder einen anderen kräftigen Rotwein
Salz und Pfeffer

1. Steaks mit Pfeffer einreiben.
2. Knoblauch und Lorbeer in heiße Butter und Schmalz geben. Steaks darin auf beiden Seiten braten (Garzeiten auf S. 76) und salzen. Knoblauch und Lorbeerblatt entfernen.
3. Rotwein dazugeben und kurz reduzieren.
4. Mit Pommes frites und Esparregado (S. 99) servieren.

Steak Marrare der sieben Türen
Bife à Marrare das sete portas
420 Kcal

Dieses Steak wurde in dem Restaurant „O Marrare das sete portas" im Zentrum Lissabons nicht weit vom Rossio - Platz, serviert. Der galizische Wirt und Küchenchef hieß Marrare, daher der Name des Steaks. Das Geheimnis lag in der speziellen Soße. Man weiß noch nicht genau, ob Marrare Milch oder Sahne dafür verwendet hat. Das Steak wurde in einer feuerfesten Tonpfanne zubereitet und auch serviert.

4 Steaks
4 EL Butter
4 Knoblauchzehen
¼ l Milch (s. Tipp)
Zitronensaft
Salz und frischgemahlener Pfeffer

1. 1 EL Butter in einer feuerfesten Tonpfanne erhitzen, Knoblauchzehe dazu geben. Steaks einzeln in der Pfanne beidseitig anbraten (Garzeiten S. 105). Knoblauch entfernen. Salzen und pfeffern.
2. Nach und nach gibt man Milch und kleine Stücke Butter hinzu. Die Pfanne ständig schwenken und Zitronensaft teelöffelweise dazugeben, bis eine sämige Soße entsteht. Es darf nicht stocken. Sauce mit Salz abschmecken.
3. Das Steak wird in der Soße schwimmend serviert.
4. Als Beilage reicht man fingerdicke Pommes frites und Weißbrot.

Tipp
Statt Milch entweder Sahne oder Creme fraîche verwenden. Bei kleiner Flamme schwenken, nicht kochen lassen. Diese Variante schmeckt auch vorzüglich ist aber kalorienreich.

Schweineschnitzel auf portugiesische Art
Bifanas à Portuguesa
80-95 Kcal pro Stuck

*Dies ist das Rezept für die Original-**Bifanas**, wie sie im Norden Portugals auf Vorrat zubereitet werden.*

2 kg Schweinesteak am Stück
5 gepresste Knoblauchzehen
1 EL Oregano
1 EL Essig
1 Tasse Olivenöl
1 EL Paprikapaste (pimentão)
6 Lorbeerblätter
500 g Schweineschmalz
frischgemahlener Pfeffer

1. Fleisch leicht einfrieren, sodass man es noch schneiden kann. Fleisch in ca. 5 mm breite Schnitzel in der Brotschneidemaschine schneiden.
2. Knoblauch, Oregano, Essig, Olivenöl, Pfeffer und Pimentão zu einer Masse vermischen und Schnitzel damit gut einreiben.
3. In einer Tonschüssel aufeinander schichten und an einem kühlen Platz aufbewahren. 2 bis 3 Tage lang die Schnitzel öfters umschichten.
4. Schnitzel in Schmalz kurz braten und wieder in Tonschüssel mit Lorbeerblättern aufschichten.
5. Mit geschmolzenem Schmalz auffüllen, bis die Bifanas bedeckt sind. Mit Frischhaltefolie luftdicht verschließen. An einem kühlen Ort aufbewahren. So halten sich die Schnitzel ein paar Wochen lang.
6. Bei Bedarf Bifanas herausholen, in eigener Schmalzschicht fertigbraten und leicht salzen.
7. Man kann sie in Brötchen mit Senf essen oder auf dem Teller mit jeder beliebigen Beilage servieren.

Zwiebelsteak auf Lacerdas Art
Bifes de cebolada à Lacerda
420 Kcal

8 Steaks, in ca. 1 cm dicke Stücke (etwa 100 g) geschnitten
4 EL Butter
2 Zwiebeln, in Ringe geschnitten
2 reife Tomaten, geschält und in Würfel geschnitten
½ Glas Weißwein
Mehl zum Bestäuben
1 Lorbeerblatt
1 Nelke
2 Zweige Petersilie
Salz und frischer gemahlener Pfeffer

1. Steaks in Mehl wenden.
2. 2 EL Butter in einen Kochtopf geben und Steaks einzeln darin beidseitig kurz braten. Steaks salzen und beiseite stellen.
3. Bratsatz mit Weißwein löschen. Restliche Butter, Zwiebeln, Tomaten, Lorbeer, Nelke, Pfeffer und Petersilie in den Topf geben. Schmoren lassen, bis die Zwiebeln gar sind.
4. Steaks in den Topf zurückgeben und zugedeckt noch ein paar Minuten schmoren lassen.
5. Mit Knoblauchreis oder Kartoffelpüree servieren (S. 100).

Süßes aus der Klosterküche

Süßspeise der Cherubinen
Doce de Querubins

250 g Zucker
8 gequirlte Eigelb
4 steif geschlagene Eiweiß
1 Zimtstange
Etwas gemahlener Zimt

1. Zucker mit Zimtstange erhitzen, bis sich ein dickflüssiger Sirup gebildet hat (etwa 9 -10 Min. Kochzeit). Vom Feuer nehmen, abkühlen lassen.
2. Cremig geschlagenes Eigelb dazugeben und so lange erhitzen und einrühren, bis der Topfboden sichtbar wird. Etwas abkühlen lassen.
3. Das steif geschlagene Eiweiß unterheben.
4. Auf einen Servierteller geben und mit Zimt bestreuen.

Pastéis de Belém (die echte) oder
Pastéis de Nata

Nach der Säkularisierung der Klöster im Jahr 1834 wussten die Mönche des Jeronimus-Klosters in Belém-Lissabon nicht, wie sie weiter überleben sollten. Also beschlossen sie 1837, diese Köstlichkeit zu produzieren und an das Volk zu verkaufen. Heute pilgern täglich einige tausend Portugiesen und Touristen aus aller Welt in die riesige Cafeteria der Fabrik um sie zu genießen. Das Rezept zur Herstellung der Pastéis ist bis heute streng geheim geblieben. Nur ein paar Pâtissiers im Haus kennen es. Hier ein kleiner Versuch zur Entschlüsselung des Geheimnisses.

200 g Zucker
1 dl Wasser
1 Tl Orangenblumenwasser
8 Eigelb
500 ml Sahne
1 Pkg. Blätterteig
Zimt und Puderzucker

1. Wasser und Zucker erhitzen bis nach etwa 6 Min. Kochzeit ein feiner Sirup entsteht.
2. Sahne mit Eigelb, Zimt und Orangenblumenwasser zu dem Sirup hinzugeben und unter ständigem Rühren wieder erhitzen. Abkühlen lassen und die Förmchen einfetten.
3. Gerollten Blätterteig in dünne Scheiben schneiden und damit die Förmchen auskleiden.
4. Man gibt die Creme in die Förmchen und schiebt sie in den vorgeheizten Backofen bei 250° bis der Teig gebacken und die Creme oben leicht bräunlich geworden ist.
5. Mit Zimt und Puderzucker nach Geschmack bestäuben und warm oder kalt essen.

Engelshälse
Papos-de-anjo

Rezept für 12 Portionen
8 Eigelb (2 pro 3 Portionen)
20 g Butter
kleine Puddingförmchen

1. Eigelb mit dem Handmixer sehr gut verquirlen (10 - 15 Min.).
2. Puddingförmchen ausbuttern.
3. Förmchen bis zur Hälfte mit der Eimasse füllen und in dem vorgewärmten Backofen im Wasserbad (140° C) 10 Min. garen.
4. Erkalten lassen und aus den Formen stürzen.

Zuckersirup für die Hälse

500 g Zucker, 1 Zimtstange
1/4 l Wasser, 1 Gläschen Portwein
1 unbehandelte Zitronenschale

1. Wasser, Zucker, Zitronenschale und Zimtstange erhitzen, bis nach etwa 6 Min. Kochzeit ein feiner Sirup entsteht.
2. Portwein hinzufügen, Zitronenschale und Zimtstange entfernen und den Sirup etwas abkühlen lassen.
3. Die Engelhälse hineingeben und kalt servieren.

Himmelsspeck
Toucinho do céu

500 g Zucker
250 g geraspelte Mandeln
12 Eigelb
2 Eiweiß
2 EL Butter
2 EL Mehl
1 TL gemahlener Zimt
Puderzucker zum bestreuen
runde Auflaufform

1. Eigelb quirlen.
2. Eiweiß mit Mehl aufgeschlagen.
3. Zucker mit 2,5 dl Wasser erhitzen, bis er dickflüssig wird. Mandeln hinzugeben und etwas köcheln lassen.
4. Eigelb, Butter, Zimt und Eiweiß dazugeben.
5. Gut umrühren und auf kleiner Flamme eindicken lassen. Diese Masse in die eingefettete Form füllen und im vorgewärmten Backofen (150°C) fertig backen.
6. Zum Schluss stürzen und mit Puderzucker bestreuen.

Charcada des Kloster der Hl. Clara

500 g Zucker
2,5 dl Wasser
12 Eigelb
2 Eiweiß
Zimt

1. Eigelb und Eiweiß cremig schlagen.
2. Zucker und Wasser zum Sirup kochen (etwa 4 - 5 Min.). Eimasse vorsichtig spiralförmig vom Rand zur Mitte des Topfes in den Sirup fließen lassen.
3. Weiter aufkochen und Sirup etwas eindicken lassen.
4. Vom Feuer nehmen, mit Zimt bestreuen und kalt servieren.

Goldene Suppe
Sopa dourada

500 g Zucker
2,5 dl Wasser
100 g Weizenmischbrot, ohne Rinde, kleingewürfelt
2 EL Butter
100 g geraspelte Mandeln
10 gequirlte Eigelb
1 gestrichener EL Zimt

1. Zucker mit Wasser zu dickflüssigem Sirup kochen (9 -10 Min.)
2. Brotwürfel in Butter anbraten. Zum Sirup hinzugeben.
3. Mandeln und Eigelb hinzufügen. Masse unter Rühren weiter kochen, bis das Eigelb stockt.
4. Vom Feuer nehmen, auf einen Servierteller stürzen, in Form bringen und mit Zimt bestreuen.
5. Kalt servieren.

Milchpudding
Leite Creme

½ l Milch
1 EL Mehl
200 g Zucker
4 cremig geschlagene Eigelb
1 TL geriebene Zitronenschale (unbehandelt)

1. Milch mit Mehl verrühren. Zucker dazugeben, aufkochen und abkühlen lassen.
2. Geschlagenes Eigelb und Zitronenschale unterheben, bei niedriger Hitzezufuhr unter gelegentlichem Rühren aufkochen.
3. Auf Dessertteller portionieren und mit Zucker bestreuen.
4. Anschließend mit einem heißen Brenneisen die Oberfläche verbrennen.

Schäfersüßspeise
Manjar do pastor

9 Eier
500 g Zucker
2 EL Honig
1 EL Olivenöl
1 TL Heidekraut
1 EL Orangenblütenwasser
1 geraspelte Zitronenschale (unbehandelt)
1 Prise Salz
Butter zum Ausfetten der Form

1. Alle Zutaten gut miteinander schlagen.
2. In eine eingefettete Puddingform geben und im Wasserbad eindicken lassen.
3. Anschließend in vorgewärmtem Backofen (200°C) fertigbacken.

Pater Antónios Süßspeise
Doce à padre António

500 g Kastenbrot in fingerdicke Stäbchen geschnitten
50 g Butter
0,5 l Weißwein
4 EL Honig
1 TL Zimt
1 Zitronenschale (unbehandelt)

1. Stäbchen toasten, mit Butter einseitig bestreichen und in eine feuerfeste Steingutform arrangieren.
2. Weißwein, Honig, Zimt und Zitronenschale unter Kochen, zu Sirup rühren.
3. Etwas abkühlen lassen und über die Stäbchen gießen.
4. Im Backofen (150°C) backen, bis der Sirup sich auf 1/3 reduziert hat.
5. Warm servieren.

„Arme Ritter" auf portugiesisch
Rabanadas com molho especial

Diese Süßspeise wird in Portugal ausschließlich an Weihnachten zubereitet.

500 g Kastenbrot, in 2 cm breite Scheiben geschnitten
½ l Milch
3 Eier
1 EL Zucker
½ EL Zimt
1 Prise Salz
100 g Butter zum Braten

Für die Fruchtsoße
6 getrocknete Feigen
1 EL Pinienkerne
2 EL Honig
10 Walnusskerne
1 EL Rosinen
2 Gläser Portwein

1. Brotscheiben einzeln durch Milch ziehen, in gequirlte (je nach Wunsch leicht gesalzene) Eier tränken und in heißer Butter goldbraun braten.
2. Trockenes Obst und Nüsse klein hacken, in Portwein, Honig und 0,5 l Wasser eine 3/4 Stunde köcheln lassen.
3. Fruchtsoße über die Brotscheiben gießen und mit einem Zimt-Zucker-Gemisch bestreuen.

Siricaia oder Sericá

Siricaia, sagt man, ist eine uralte Süßspeise aus der Gegend von Elvas/Badajoz am Grenzfluss Caia im Alentejo. Drei verschiedene Rezepte sind mir bekannt, eine davon interessanterweise aus Indonesien stammend unter dem Namen **„Serikaja"** (womöglich von Portugiesen dort eingeführt oder von dort gebracht). Das indonesische Rezept gleicht der Nr. 1 in der Vorbereitung, verwendet wird jedoch Kokosmilch statt Milch, statt der Orangenschale das Mark einer Vanilleschote und drei in Scheiben geschnittene Bananen.

Rezept Nr. 1
6 Eigelb
150 g Zucker
2,5 dl Milch
1 TL geraspelte Orangenschale

1. Eigelb mit Zucker gut schlagen.
2. Milch mit Orangenschale zum Kochen bringen.
3. Die Eimasse unter ständigem Rühren hinzugeben.
4. Masse in eingefettete Puddingförmchen füllen und im Backofen bei mittlerer Hitze im Wasserbad backen.

Rezept Nr. 2
0,5 l Milch
4 EL Mehl
250 g Zucker
1 TL geraspelte Zitroneschale (unbehandelt)
7 gequirlte Eigelb
7 steif geschlagene Eiweiß

1. Mehl in Milch rühren. Mit Zucker und Zitronenschale zum Kochen bringen. Vom Feuer nehmen.
2. Zuerst das gequirlte Eigelb und anschließend das steif geschlagene Eiweiß dazugeben.
3. Gut umrühren, in eingefettete Puddingförmchen geben und im Backofen bei starker Hitze im Wasserbad backen.

Kürbis-Windbeutel
Belhoses

1,2 kg Kürbis, geschält, entkernt und gewürfelt
1 Eigelb
1 geraspelte Orangenschale (unbehandelt)
100 g Mehl
1 TL Backpulver
2 EL Zucker gemischt mit 1 EL Zimt
Öl zum Frittieren

1. Kürbis kochen, abtropfen lassen und pürieren. Eigelb und Orangenraspel hinzugeben.
2. Mehl und Backpulver vermischen und dazugeben. Alles sehr gut umrühren.
3. „Nockerln" formen und in heißem Öl beidseitig braten. Auf Küchenkrepp abtropfen lassen und mit dem Zimt-Zucker-Gemisch bestreuen.

Süßer Milchreis
Arroz doce

0,6 dl Milch
250 g Milchreis
250 g Zucker
3 Eigelb
1 Vanillestange
1 Prise Salz
Gemahlen Zimt zum Dekorieren

1. Reis wässern.
2. In Milch mit Vanillestange und Prise Salz in ca. 15 Min. garkochen, vom Feuer nehmen. Vanille entfernen.
3. Zucker und geschlagenes Eigelb unterrühren.
4. Auf Dessertteller verteilen und mit Zimt dekorieren.
5. Wird kalt gegessen.

Demi - Glace
Molho escuro base

Die Demi - Glace ist die professionelle Basis für andere dunkle Saucen. Sie ist zwar sehr aufwendig in der Vorbereitung, übertrifft aber alle Fonds, die man fertig kauft, bei weitem.

500 g Fett (Margarine, Butter, Schmalz)
2,5 kg Knochen, Fleischreste und Hühnerhälse
50 g Sellerie
200 g Karotten
250 g Zwiebeln
200 g Tomaten
200 g Weizenmehl
3 l Gemüsebrühe + 2 l Weißwein
Lorbeerblatt, Knoblauch, Pfefferkörner, etwas Oregano
wenig Salz

1. Knochen, Fleischreste, Gemüse und Gewürze in 3/4 des Fettes anbräunen. Etwas Brühe dazugeben, reduzieren, wieder Brühe dazugeben und erneut reduzieren.
2. Übrige Brühe und Weißwein dazugeben und 3 - 4 Stunden kochen lassen. Den sich bildenden Schaum abschöpfen.
3. Zum Schluss bereitet man eine Mehlschwitze mit 125 g Fett und 200 g Mehl zu, lässt sie etwas anrösten, bis es gut riecht, gießt den gesiebten Fond unter ständigem Rühren hinein und lässt es noch 3 - 4 Stunden weiterkochen.
4. Der Fond wird wieder gesiebt, der Topf in Zugluft gestellt und alle 5 Minuten umgerührt, bis er abgekühlt ist.
5. Der Fond kann bis zu 1 Woche im Kühlschrank aufbewahrt werden.

Je nach benötigter Sauce kann man es mit:

* *Madeirawein für **Madeira Sauce**,*
* *Portwein für **Portwein Sauce** und*
* *Weißwein für **Weinsauce** mischen.*
Alle drei Saucen passen sehr gut zu Fleischgerichten.

Weiße Soße
Molho branco

2 EL Butter
1 fein gehackte Zwiebel
gemahlenen Pfeffer
2 EL Weizenmehl oder 1 dicke Scheibe Weißbrot !
¼ l Milch
¼ l Fleischbrühe oder Fischfond (je nach Verwendung)
Salz
Muskat

1. Das Weißbrot ohne Rind in der Milch einweichen und im Mixer pürieren.
2. Zwiebel in Butter glasig kochen, gemahlenen Pfeffer und Brotbrei oder Mehl hinzufügen und sehr gut umrühren bis es leicht angeröstet ist.
3. Mit Brühe löschen. Salzen, nachpfeffern und je nach Geschmack mit einer Prise Muskat würzen. Unter Rühren sieden lassen. Bei Bedarf etwas mehr Flüssigkeit dazu geben.

Tipp
Die Weiße Soße darf weder zu wässrig noch zu breiig werden.

Käsesauce
Molho de queijo

Weiße Soße
100 g Reibkäse (Queijo da Ilha -Azoren oder Hartkäse)
30 g Butter
1 Eigelb

1. Zutaten unter die heiße Weiße Soße rühren.

Fisch-, Geflügel- oder Gemüsefond
Caldo de peixe, aves ou legumes

Ein Fond ist die aromatische Flüssigkeit, die beim Braten, Dünsten oder Kochen von Fleisch, Knochen, Fisch, Gräten oder Gemüse entsteht. Der Fond enthält das typische Aroma der gegarten Zutaten (Fischfond, Geflügelfond, Gemüse, etc.), ist die natürliche Basis für Saucen oder Suppen.

1 kg Fischabfälle (Köpfe und Gräten, aus den Köpfen die Kiemen entfernen) Knochen von Ente , Wildgeflügel oder nur Gemüse
4 EL Olivenöl
2 geputzte Karotten
1 gehackte Zwiebel
2 Petersiliezweige
1 Stück Lauch
2 Knoblauchzehen
1 Lorbeerblatt
1 Gläschen Weißwein für Fischfond
1 Gläschen Portwein für Geflügelfond
Pfeffer

1. Die Knochen oder Gräten und/oder Gemüse in Olivenöl 10 Min. andünsten.
2. Mit Wasser ablöschen.
3. Weißwein oder Portwein, Knoblauch, Petersilie, Pfeffer und Lorbeerblatt dazugeben und ohne Salz 30 Min. (Fischfond und Gemüsefond) oder 1 Stunde (Geflügelfond) lang köcheln, dabei immer wieder abschäumen.
4. Danach die Brühe durch ein Tuch sieben.
5. Bei schwacher Hitze den Fond etwas reduzieren, vom Feuer nehmen und abkühlen lassen.

Tipp
Das Kochwasser von Stockfisch ergibt eine feine Grundlage für einen Fischfond.

Buttersauce
Molho de manteiga

125 g gesalzene Butter
2 EL Margarine
Saft einer halben Zitrone
Pfeffer
Petersilie

1. Margarine mit dem Zitronensaft schmelzen lassen.
2. Butter, Pfeffer und fein gehackte Petersilie unterrühren.
Passt zu allen gegrillten Fischen.

Cocktail universal
Molho de Cocktail universal

1 EL Tomatenmark
1 TL Zitronensaft
1 EL Madeirawein very dry oder Sherry dry
Worcestersauce
Piri-Piri Sauce
1 Becher Crème Fraîche oder Magerquark
Mayonnaise (nach Wunsch)
Salz und Pfeffer

1. Zuerst Tomatenmark, Zitronensaft, Salz und Pfeffer sehr gut verrühren.
2. Dann mit Madeirawein oder Sherry, ein paar Tropfen Worcestersauce und Piri-Piri Sauce abschmecken.
3. Zum Schluss Crème Fraîche oder Quark und Mayonnaise unterheben.
Wird unter anderem beim Garnelencocktail verwendet.

Bauernsauce
Molho vilão

2 EL Öl
1 EL Essig
1 Messerspitze Senf
Salz und Pfeffer
½ fein gehackte Zwiebel
3 fein gehackte Zweige Petersilie.

1. Alles gut miteinander verrühren.
Kann bei allen Salaten und bei kaltem Braten verwendet werden.

Vinaigrette
Molho de vinagre

2 EL Öl
1 EL Mildes Essig
1 Messerspitze Senf
1 TL Oregano
Salz und Pfeffer
Schuss Weißwein

1. Alles gut miteinander verrühren.
Passt gut zu allen frischen Salaten.

Madeira Sauce
Molho Madeira

4 EL Demi - Glace (S. 91)
2 EL Madeirawein

1. Beides gut miteinander verrühren.
Zu Rinderbraten oder Medaillons reichen.

Currysauce
Molho de caril

1 EL Butter
1 feingehackte Zwiebel
1 Glas Kokosmilch
2 feingehackte, geschälte Tomaten
½ Apfel, entkernt und in dünne Scheibchen geschnitten
1 EL Currypulver
1 TL geraspelter frischer Ingwer
1 Prise Piri-Piri oder Cayennepfeffer
1 TL frisch gehackten Koriander
1 Becher Sahne

1. Zwiebel in Butter anschwitzen.
2. Curry, Ingwer, Piri-Piri, Apfelscheibchen und Tomate zufügen, umrühren und dünsten.
3. Mit Kokosmilch löschen, köcheln lassen, mit Sahne binden, durchsieben und mit Koriander bestreuen.

Selbstgemachtes Currypulver

20 g Gelbwurz = Kurkuma
5 g Gewürznelken
20 g Kardamom
20 g Kümmel
125 g Korianderkörner
5 g Muskatnuss
20 g schwarzer Pfeffer
5 g Zimt

1. Alle Gewürze in einer Kaffeemühle mahlen, kurz rösten.

Selbstgemachte Mayonnaise
Molho de maionese

Die Zutaten sollten alle Zimmertemperatur haben!

2 Eigelb
2 TL Senf
Salz, Pfeffer
2 cl Olivenöl
3 cl Pflanzenöl
Essig
Zitronensaft

1. Eigelb, Senf, Salz, Pfeffer und ein paar Tropfen Essig in einer Schüssel kräftig mit dem Schneebesen schlagen.
2. Nun tropfenweise Olivenöl und Pflanzenöl dazugeben und weiterschlagen. Beim Eindicken der Masse kann der Rest des Öls rasch unter die Mayonnaise geschlagen werden.
3. Zum Schluss rührt man 1 Teelöffel Zitronensaft dazu.

Tipp

Sollte die Mayonnaise gerinnen, in einer extra Schüssel ein Eigelb mit einer Prise Salz verrühren und die geronnene Mayonnaise unter ständigem Rühren zugeben.

Butter „Maître d'Hotel"
Manteiga Mordomo

200 g weiche Butter
2 EL gehackte Petersilie
Saft 1 Zitrone
1 Prise Salz

1. Butter mit Salz, Petersilie und Zitronensaft gut durchkneten.
Passt zu allen frittierten Fischen.

Tomatensauce
Molho de Tomate

1 EL Olivenöl oder Butter
1 fein gehackte Zwiebel
1 fein gehackte Karotte
1 Lorbeerblatt
1 TL Oregano
1 EL feingehackten Sellerie
1 Dose geschälte Tomaten
1 Prise Zucker (entfällt bei frischen Tomaten)
1 Prise Salz

1. Zwiebel, Karotte, Sellerie, Salz und Lorbeerblatt in Fett anschwitzen lassen.
2. Zerdrückte Tomaten, Oregano und Zucker beifügen, verrühren und etwa 20 Min. bei schwacher Hitze ziehen lassen. Etwas Wasser angießen und nochmals köcheln lassen.
3. Lorbeerblatt herausnehmen und Sauce pürieren. Noch ein paar Minuten köcheln lassen.

Tipp
Tomatensauce in größeren Mengen vorbereiten und im Kühlschrank aufbewahren.

Gemüseblätterpüree
Esparregado
175 Kcal

Esparregado *ist ein Gemüsepüree aus jungen Rüben- oder Spargelblättern, aber auch aus Blattspinat.*

1 Bund saubere grüne Blätter (etwa 1 kg)
3 EL Olivenöl
1 Knoblauchzehe
1 Lorbeerblatt
etwas Mehl
1 TL Essig
Salz und Pfeffer

1. Blätter in Salzwasser kochen, abtropfen lassen und feinhacken.
2. Öl in eine Pfanne geben. Knoblauchzehe und Lorbeerblatt leicht anbraten, Gemüse dazugeben und unter Rühren dünsten. Knoblauch und Lorbeer entfernen.
3. Mehl mit 1 Tasse Kochflüssigkeit umrühren, Gemüse damit begießen und leicht andicken.
4. Mit Essig und Pfeffer würzen.

Erbsenpüree
Puré de ervilhas
75 Kcal

1 kg frische Erbsen (schälen) oder 1 Dose Erbsen
1 TL Zucker
1 EL Sahne
1 Prise Muskatnuss

1. Erbsen in leicht gesalzenem Wasser mit 1 TL Zucker und Muskat kochen oder erhitzen.
2. Durch ein Sieb pürieren und mit Sahne einrühren.
3. Mit Pfeffer würzen.

Karottenpüree
Puré de cenoura

8 grobgeraspelte Karotten
1 EL Sahne

1. Karottenraspeln in Salzwasser kochen, sieben und pürieren.
2. Mit Sahne verrühren und unter Rühren erhitzen.

Kartoffelpüree
Puré de batata
135 Kcal

1 kg Kartoffeln
200 ml erwärmte Sahne oder Milch
1 EL Butter
1 Messerspitze Muskat
Salz und Pfeffer

1. Kartoffeln in Salzwasser kochen.
2. Durch die Kartoffelpresse drücken.
3. Sahne oder Milch mit Muskat, Pfeffer und Butter erwärmen.
4. Mit den Kartoffeln verrühren.
5. Mit Salz abschmecken. Mit Muskatnuss und Pfeffer würzen.

Knoblauchreis
Arroz de alho
35 Kcal

250 g Langkornreis
1 EL Olivenöl
½ fein gehackte Zwiebel
2 Knoblauchzehen
1 Lorbeerblatt

1. Zwiebel, Knoblauch und Lorbeer in Öl anschwitzen.
2. Reis leicht anrösten. Mit 0,5 l Wasser auffüllen, salzen und kochen bis die Flüssigkeit aufgesogen ist. Sofort servieren.

Safranreis
Arroz de açafrão
35 Kcal

250 g Reis
½ feingehackte Zwiebel
1 EL Olivenöl
½ Liter Wasser
1 Prise Safran
Salz

1. Zwiebel in Öl anschwitzen. Mit Wasser auffüllen, salzen, zum Kochen bringen.
2. Den Reis hineingeben und 10 Min. kochen lassen.
3. Den Safran in etwas warmem Wasser auflösen und über den Reis gießen.
4. Reis 8 -10 Min. weitergaren, bis die Flüssigkeit aufgesogen ist. Mit einer Gabel den Reis leicht auflockern. Sofort servieren.

Trauben in Portweinsirup
Uvas em Vinho do Porto
115 Kcal

400 g Weintrauben
4 TL Zucker
2 EL Portwein
50 g Butter

1. Trauben entkernen und enthäuten.
2. Zucker mit 3 EL Wasser aufkochen.
3. Trauben und Portwein dazugeben.
4. Butter stückchenweiße hinzufügen, Topf ab und zu schwenken. Sirup leicht eindicken lassen.
5. Weintrauben mit Schaumlöffel herausnehmen und servieren.
Passt zu allen Wildgerichten.

Bratkartoffeln
Batatas salteadas
180 Kcal

600 g Pellkartoffeln
Öl zum Frittieren
1 Zwiebel, in Ringe geschnitten und halbiert
Pfeffer

1. Pellkartoffeln in Würfel schneiden.
2. Öl in der Pfanne erhitzen. Kartoffelwürfel goldbraun braten.
3. Zwiebel dazugeben und kurz mit anbraten.
4. Mit Salz abschmecken und kräftig pfeffern.

Portugiesische Kümmelkartoffeln
Batatas salteadas com cominhos
180 Kcal

Zutaten wie oben, aber ohne Zwiebel.
Dazu 2 TL Kreuzkümmel

1. Pellkartoffeln in Würfel schneiden.
2. Öl in der Pfanne erhitzen. Kartoffelwürfel goldbraun braten.
3. 2 TL Kreuzkümmel dazugeben und mit anbraten.
4. Mit Salz abschmecken und kräftig pfeffern.

Ernährungsprobleme unserer Zeit

Ernährungsrichtlinien auf der Basis von 1800/2000 Kilokalorien um etwas Übergewicht zu reduzieren und trotzdem gut schlemmen zu können.
Regel für die vor 1970 geborenen: Man erinnert sich an das was man als Kind oft und gern zuhause gegessen hat und versucht sich gastronomisch nahe an diesen Produkte und Gewohnheiten zu halten. Sonst gelten folgende Regeln: Kein Fast Food, keine fertig Gerichte. Kein industriell verarbeitete Produkte.

Frühstück:
2-3 dünne Scheiben Vollkornbrot mit eine Scheibe Käse, Schinken oder Geflügelaufschnitt belegen. Als Streichfett sehr dünn aufgetragene Diätmargarine verwenden. Dazu Kaffee mit/ohne Milch oder Tee mit Süßstoff statt Kristallzucker. Kein Müsli, kein Honig, höchstens 2 TL Marmelade.
Zwischen 10-11 Uhr morgens eine Scheibe Brot wie oben beschrieben belegt und Kaffee oder Tee. Kein Gebäck, Süßigkeiten oder Kuchen.
Mittagessen, falls warm gegessen wird:
Suppe mit wenig oder ohne Kartoffeln. Alle Fertigsuppen vermeiden.
Ein Fleisch- oder Fischgericht mit 2-3 mittelgroßen Kartoffeln oder 3-4 volle EL Reis, Salat und Gemüse als Beilage. Nur ein Stück Fleisch oder Fisch (150 g) nehmen. Nudeln sind grundsätzlich zu vermeiden.
Niemals die Portionen wiederholen. Reste aufheben und in späteren Mahlzeiten verwenden.
Höchstens einen Glas Wein 25 cl, ein kleines Bier oder Wasser trinken.
Obst oder eine Magerjoghurt mit Obst zum Nachtisch.
Rund um 5 Uhr nachmittags:
Eine Scheibe belegtes Brot und dazu Kaffee oder Tee. Ein Stück Obst.
Abends:
Den Regeln für das Mittagessen folgen, aber die Menge etwas reduzieren.
Bei Hunger vor dem Schlafengehen ein Joghurt oder ein Stück Obst essen.

Weitere Empfehlungen:
Kartoffelgerichte reduzieren. Alle andere Gemüse sind erlaubt. Dosenware vermeiden. Saisongerecht und landestypische Produkte einkaufen.
Möglichst wenig Weißbrot, höchstens 2 Brötchen pro Tag.
Prinzipiell wenig Teigwaren. Höchstens 1 Mal pro Woche ein Spaghetti Gericht.
Wenig pflanzliche Margarine oder normales natives Olivenöl als Fett verwenden.
Isst man lieber mehr Kartoffelprodukte, dann reduziert man die Reismenge.
Kuchen oder Süßspeisen nur an Festtagen genießen.
Zum Nachtisch ist Obst in Maßen angesagt.
Mehr Kalb- als Schweinefleisch und mehr Truthahn als Huhn verwenden.
Maximal drei Eier in der Woche und 12,5 g 70% Kakaoschokolade am Tag.
Bacon und Wurst vermeiden außer in der Vorbereitung von Gerichten.
Kein Säfte mit mehr als 5 g Kohlenhydrate/100 g trinken. Kein Coca Cola. Fette Milch nur in Kaffee trinken, sonst nur Magermilch. Tee ist frei. Vorsicht mit Alkohol – er ist sehr kalorienreich.
Auch im Restaurant halte man sich an die obigen genannte Mengen!